일본 중소기업
진화생존기

일본 중소기업 진화생존기

100년 기업의 지혜, DEEP경영!

2022년 6월 15일 초판 1쇄 발행

지 은 이 | 오태헌
펴 낸 곳 | 삼성글로벌리서치
펴 낸 이 | 차문중
출판등록 | 제1991-000067호
등록일자 | 1991년 10월 12일
주　　소 | 서울특별시 서초구 서초대로74길 4(서초동) 삼성생명서초타워 30층
전　　화 | 02-3780-8153(기획), 02-3780-8084(마케팅)
팩　　스 | 02-3780-8152
이 메 일 | sgrbook@samsung.com

ⓒ 오태헌 2022
ISBN | 978-89-7633-118-2 03320

100년 기업의 지혜, DEEP경영!

일본 중소기업 진화생존기

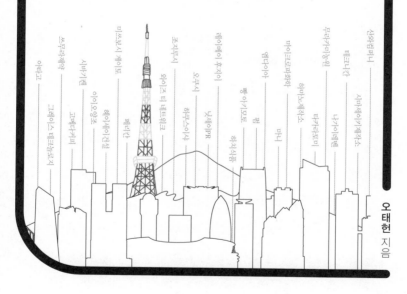

오태헌 지음

삼성글로벌리서치

2002년 월드컵. 그때의 함성과 열기, 지금 생각해도 온몸에 전율이 느껴집니다. 그런데 같은 해 우리를 놀라게 했던 일이 하나 더 있었습니다. 일본에서 또다시 노벨상 수상자가 나온 일이었지만, 이번에는 차원이 다른 이야기였습니다. 그 주인공이 도야마현에 위치한 시마즈제작소라는 중소기업에 근무하는 다나카 고이치(田中耕一)였기 때문입니다. 그때 경영컨설팅을 하는 일본 기업의 한국지사에 근무하던 저에게 주변의 참 많은 사람들이, 일본의 중소기업은 도대체 뭐가 달라서 노벨상을 받는 직원을 배출할 수 있느냐고 물었습니다. 정확하지 않지만, 아마도 '한 우물을 파는 일본의 연구 풍토' 때문이라는, 질문자의 기대에 크게 못 미치는 평범한 대답을 했던 것으로 기억합니다. 그러나 20년이 지난 지금 똑같은 질문을 받더라도 저는 같은 대답을 할 겁니다. 그래서 그때 그 대답이 상당히 전문적인 대답이었다고 자부합니다. 진화하며 성장하는 일본의 중소기업은 한 우물만 팝니다. 그래서 우물의 깊이가 달라집니다.

'기업이 강하다'라는 것은 매우 추상적이고 모호한 표현이어서 사용하는 사람에 따라 의미가 달라질 수 있습니다. 강하다는 의미가 기업의 수익성일 수도 있고 매출의 규모일 수도 있습니다. 그러나 이 책에서 기업이 강하다는 말은 '지속가능하다'라는 뜻입니다. 이 책은 작지만 강인한 생명력을 지니고 세대를 이어가며 지속하는 일본의 작은 기업, 강소기업들의 이야기입니다.

실제 일본에서 기업정보를 제공하는 '데이터뱅크'의 자료에 따르면, 도쿄에서 첫 번째 올림픽이 개최된 1964년에 존재한 기업으로 50년이 지난 2015년에도 존재가 확인된 기업 2,192개사를 분석한 결과, 이들 생존 기업은 매출이 크게 증가했지만 종업원 수에는 큰 변화가 없다는 특징이 있었습니다. 이 기업들의 매출과 종업원 수 그리고 1인당 매출의 성장률 분포를 보면 그러한 경향이 뚜렷하게 나타납니다. 노동생산성을 높이기 위해 기업 간 통폐합을 하거나 채산이 악화된 사업 분야에서 철수하는 등 사업 환경 변화에 능동적으로 주저 없이 대응한 유연한 경영법이 장기적인 경영을 가능하게 했다고 추측할 수 있습니다. 그렇다면 이러한 진화를 이뤄낸 기업들은 무엇이 달랐을까요?

예상하셨겠지만 이런 일본 중소기업은 오로지 한 분야에 매진하며 기업의 모든 역량을 그 분야의 진화를 위해 오롯이 쏟아붓는 '깊은 경영', 즉 '딥(DEEP)경영'을 합니다. 저는 이러한 딥경영을 하는 일본의 강소기업들이 공통적으로 갖추고 있는 요소가 4가지 있다고 생각합니다. 이 4가지 요소의 결합으로 딥경영이 완성됩니다. 그럼 하나씩 그 핵심적 내용에 대해 설명해보겠습니다.

먼저 주목해야 하는 특성은 이중성(Duplicity)입니다. 작지만 강한 일본의 기업들, 그러나 전통만 지킨다고 지속가능성이 높아지는 것은 아니었습니다. 언뜻 이율배반적으로 보일지 모르지만 전통에 혁신이 조화롭게 어우러져야 기업의 생명력이 강해집니다. 변화하지 않는 전통의 계승과 함께 시대 변화에 맞는 혁신을 항상적으로 추진하는 것이 비결입니다. 대를 이어 기업을 계승하는 경영자의 기업가적 혁신은 기존 전통사업의 재활성화라는 틀 안에서 이루어집니다. 전통을 지키고 이어나가는 것도 중요하지만 무엇보다 중요한 것은 혁신을 통한 진화입니다. 이를 깨달아 묵묵히 실행에 옮기면 결과적으로 기업의 지속가능성은 높아집니다. 지금 하는 일도 나중에는 전통이 되기 때문에 혁신은 곧 또 다른 전통을 만드는 일이 되는 겁니다.

두 번째 요소는 전문성(Expertise)입니다. 기업 성장에 전문성은 필수 요소입니다. 그러나 여기서 말하는 전문성은 직업으로 인정받는 '프로페셔널'을 뜻하는 것이 아닙니다. 시험을 통과하거나 선발과정을 거쳐 탄생하는 전문가가 아니라 그 사회가 인정하고 함께

'딥(DEEP)경영'의 4요소

이중성 (Duplicity)	**전문성** (Expertise)
확장성 (Expandability)	**영속성** (Permanency)

일하는 구성원의 존경을 받는 전문가를 말합니다. 그들의 전문지식
은 노벨상의 대상이 되기도 합니다. 흔히 말하는 '달인'과도 비슷하
다고 할 수 있습니다. 한눈팔지 않고 오랫동안 한 우물을 파기 위해
서는 직업적 전문가를 뛰어넘어 뼛속 깊이 달인의 소양을 갖춘 전
문가가 필요합니다. 달인 집단과 그들이 만들어내는 기업문화가 지
속가능한 기업 성장을 이끌어냅니다.

셋째는 확장성(Expandability)입니다. 사업이 잘나갈 때 이들 강소
기업은 미래를 위한 사업다각화를 한발 앞서 준비하지만 원래의 우
물을 팽개치고 다른 우물을 넘보는 우를 범하지는 않습니다. 뿌리
가 하나인 나무가 여러 개의 가지를 치듯 사업을 확장해나갑니다.
사내에 축적된 유무형 자산이 비즈니스의 핵심 역량이 될 수 있도
록 사업을 확장해나가는 겁니다. 이러한 확장이 가능한 기업은 근

시안적 목표가 아닌, 왜 기업을 영위하는지에 대한 분명한 목적을 가지고 있습니다. 경영 의도를 종잡을 수 없는 기업과는 분명하게 차별화됩니다. 사업 도메인이 뒤죽박죽 복잡하고 근본을 알 수 없는 사업들이 아슬아슬하게 목숨을 부지하고 있는 기업과는 다릅니다. 이들 기업은 가지를 여러 개 만들어내지만 견실한 뿌리 덕분에 나아가고자 하는 지향점이 분명합니다. 따라서 어려움을 극복할 가능성이 높아지고 불황은 또 다른 진화를 위한 준비기간이 됩니다.

넷째는 영속성(Permanency)입니다. 아마도 이 요소가 가장 '일본적인' 지점인지도 모르겠습니다. 왜냐하면 기업은 태어났으면 어떻게든 살아남아야 한다고 생각하는 경향이 다른 나라 경영자들에 비해 일본의 경영자들에게서 강하게 나타나기 때문입니다. 기업가치를 키워 높은 값에 매각하거나 힘들다고 사업을 접는 일은 피하는 것이 기업을 영위하는 사람의 도리라고 보기 때문입니다. 오사카에 있는 오래된 기업들의 모임인 '오사카 노렌(暖簾)백년회'는 회원사들이 지켜야 하는 규범으로 '영속은 기업의 진수'를 제시합니다. 기업의 가장 본질적인 부분을 '영속성'으로 보고 있는 겁니다. 오랜 기간에 걸친 신용 축적이 이를 가능하게 한다고 생각합니다. 그렇다 보니 이들 기업의 가치는 직원들에게 체화된 기술, 경영 노하우, 보유 브랜드 등 무형의 자산으로 측정되는 경우가 많습니다. 매출이나 이윤처럼 가시적으로 드러나는 것은 아니지만 사내에 축적된 이런 무형자산의 가치가 이들 기업의 영속성을 보장해주는 것입니다.

이 책에서 소개하는 기업들은 이 4가지 요소를 두루 갖춘 기업들입니다. 하지만 4가지 요소 중 상대적으로 더 많은 특징을 보이는 한 요소를 기준으로 기업들을 유형화했습니다.

일본의 작고 강한 기업을 소개하는 책과 연구 결과는 이미 아주 많으며, 거기서 소개하는 그 기업들의 특징 중에는 다음과 같이 유독 '기술'과 관련된 내용이 많습니다.

　∶ 세계가 주목하는 기술개발력

　∶ 빛나는 숙련공의 솜씨

　∶ 핵심기술을 연마해서 고부가가치에 다다르다

　∶ 불굴의 제조 혼으로 경쟁사를 제치다

　∶ 틈새시장에서 완승한 기술집약형 경영

　∶ 탁월한 기술로 대기업과의 수평적 분업에 성공하다

　∶ 연구 실적을 바탕으로 급성장하다

중소기업에 국한된 이야기는 아니지만 일본 경제산업성 현직 관료로 《일본의 우수기업 연구(日本の優秀企業研究: 企業經營の原点6つの條件)》라는 책을 써 국내외에서 주목을 받은 니이하라 히로아키(新原浩朗)는 다음 6가지를 그들의 특징으로 꼽습니다.

　∶ 모르는 것은 하지 않는 용기

: 업계의 상식, 성공의 형태를 믿지 않는다

: 객관적으로 바라보고 불합리한 점을 찾아낸다

: 위기를 기회로 전환시킨다

: 분수에 맞는 성장을 도모하고 사업리스크를 직시한다

: '세상을 위해', '인류를 위해'와 같은 자발적 기업문화를 구축한다

이런 특징들을 모아놓고 보니 기업의 크기를 막론하고 일본 기업만의 독특한 성향이 드러나는 듯합니다. 그러나 이러한 이론이나 경영자의 말들은 결국 한눈팔지 말고 한 가지에 몰두해야 한다는 것으로 모아집니다. 일본에서 경영의 달인으로 일컬어지며 '아메바 경영'을 제창했던 이나모리 가즈오(稻盛和夫) 회장은 "기업의 성장은 불황에 어떻게 대처하느냐로 정해진다", "시장의 변동은 핑계가 안 된다"라고 말했습니다. 불황과 디플레이션이 지속되고 시장 상황이 어렵더라도 고객에게 그 기업이 없어서는 안 된다는 존재 이유를 제시할 수만 있다면 그 기업에 불황은 없다는 뜻일 것입니다. 매출과 이익이 커지면 성공이라는 발상이 아니라 '우리 기업'만이 할 수 있는 것을 추구하고 실천하는, 시간이 걸리는 일을 해야 존재 이유가 생깁니다. 따라서 기업 혁신 역시 경쟁사보다 빨리 가는 것이 아니라 멀리 가는 것에 집중해야 합니다.

2019년 4월에 출간한 《일본 중소기업의 본업사수경영》과 마찬가지로, 이 책 역시 멀티캠퍼스가 운영하는 SERICEO의 '日 중소기업

진화생존기'라는 프로그램을 위해 준비했던 기업 사례를 담은 것입니다. 기업 사례를 하나씩 쌓아가며 일본에는 왜 오래된 작은 기업들이 많은지 그 이유를 조금씩 알아간다는 생각이 들었고 이를 정리한 것이 바로 이 책입니다. 아직은 고쳐져야 할 부분이 많고 보다 많은 사례의 축적으로 완성도를 높여야 한다는 과제가 남아 있지만, 딥경영의 이론적 틀이 일본 강소기업의 생명력을 설명하는 기초자료가 되기를 기대해봅니다.

끝으로, SERICEO 프로그램을 위해 작성한 미완성의 설익은 글을 흠잡을 곳 없는 멋진 작품으로 만들어주신 멀티캠퍼스의 송남경 PD님이 없었다면 이 책이 세상에 나오는 일은 없었을지 모릅니다. 더불어 미처 생각하지 못한 부분까지 꼼꼼하게 챙겨주시며 격려해주신 삼성글로벌리서치 출판팀에 깊이 감사드립니다.

2022년 6월

오태헌

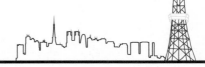

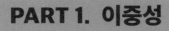

PART 1. 이중성

:
:

〰〰〰〰〰〰

전통과
혁신의 공존

〰〰〰〰〰〰

요즘 TV나 신문에서 '노포(老舖)'라는 단어를 자주 만나게 됩니다. 존폐의 기로에 선 노포를 살리는 특집 방송이 인기를 끌면서 한때 노포가 실시간 검색어에 오르기도 했습니다. 국립국어원 표준국어 대사전을 찾아보니 노포는 '대대로 물려 내려오는 점포'라고 뜻풀이가 되어 있습니다.

노포를 일본에서는 시니세(しにせ)라고 읽습니다. 일본의 대표적 국어사전인 이와나미(岩波) 사전에는 '몇 대를 이어오며 번성하여 유명해진 가게 또는 옛날부터 오랫동안 이어져 신용이 있는 가게'라고 설명되어 있습니다. 선조로부터 이어 내려온 업을 흉내 내며 지켜왔다는 의미의 단어 '시니세(仕似せ)'가 그 어원이라고도 나와 있습니다. 요즘에는 '흉내 낸다'라는 말이 결코 좋은 의미로 쓰이지 않지만, 오래전 일본에서는 전통을 흉내 내는 것이 중요한 일이었습니다. 특히 도제 관계에서 제자의 기본은 우선 스승이 하는 일을 잘 흉내 내는 것이었습니다.

시니세에 대한 대표적 연구로 꼽히는 《시니세 기업의 100년 지혜(老舖企業にみる100年の知恵)》라는 책에 따르면, 일본의 시니세 기업 수는 세계에서 가장 많다고 합니다. 그리고 시니세 기업의 96.6%가 중소기업이고, 80%는 메이지 시대에 창업했다고 합니다. 도도부현(都道府県)별 '시니세 기업 배출률'이 가장 높은 곳은 교토이며(그래서

일본 사람들은 시니세 하면 교토와 오사카를 떠올립니다), 업종으로는 청주 제조업이 가장 많다고 합니다. 또 변하지 않는 전통의 계승과 함께 시대에 맞는 혁신을 항상적으로 실천한 것이 시니세 기업의 장수 비결이라고 설명하고 있습니다.

언뜻 보기에 모순되는, '전통'과 '혁신'이라는 이율배반적 두 요소야말로 시니세가 존속할 수 있었던 이중적 요인인 셈입니다. 그렇다면 전통 계승과 혁신의 절묘한 균형점 찾기가 이들 시니세 기업의 장수 비결을 알아내는 결정적 단서가 될 것입니다.

오랜 전통만으로 기업의 지속가능성을 보장받지는 못합니다. 경영 상태가 비교적 안정적일 때 새로운 시대가 요구할 변화에 대한 적응 역량을 키워놓음으로써 끊임없이 차별화하는 것이 전통을 이어갈 수 있는 유일한 길인지도 모릅니다. 그런 의미에서 전통을 잘 지키면서 성장을 이어가는 기업이라면 혁신의 메커니즘이 제대로 작동하고 있는 것이라고 생각합니다.

《시니세 기업의 100년 지혜》에서는 일본에 시니세 기업이 많은 이유를 다양한 관점에서 분석하고 있는데, 그중 중요하다고 생각되는 3가지를 소개하면 다음과 같습니다.

첫째는 다음 세대로 가업을 이어가며 지속하겠다는 강한 의지에서 탄생한 특별한 가족제도의 전통입니다. 일본에는 조직 본래의 존속과 발전이라는 목적을 위해 환경만 허락한다면 혈연관계가 아닌 인재를 가족에 포함하여 존속시키는 전통을 가지고 있다고 설명하고 있습니다.

둘째는 에도 시대부터 비교적 평화로운 시기가 이어지며 국내시장이 장기적으로 확대되어왔다는 점입니다. 에도 시대는 오랜 저성장 시대였지만 국내시장이 확대되었고, 이후 전쟁 기간과 버블 붕괴를 제외하면 다소의 부침은 있었지만 지속적으로 성장궤도를 유지했다는 것입니다.

셋째는 에도 시대부터 축적되어온 상도덕(공익성, 윤리, 도덕)의 계승을 꼽고 있습니다. 필자도 이 점을 중요하게 생각하는데, 시니세 기업의 경우 '기업은 사회 공공의 것'이라는 개념이 강하며, 지역사회 및 자연과의 공생을 통해 기업이 성립된다는 생각이 경영자에게 계승되어왔다는 것입니다. 특히 이 책에서는 오미(近江) 상인의 '산포요시(三方よし; 파는 쪽과 사는 쪽은 물론 세상에도 득이 되는 거래여야 한다는 뜻)'로 대표되는 상도덕이 주요했음을 강조하고 있는데, 이 점에 대해서는 뒤에 '확장성'을 이야기할 때 자세히 살펴보겠습니다.

100년 이상 지속된 기업들 사이에서도 주어진 조건의 차이는 있었을 터이고 마주했던 경영환경도 달랐을 것입니다. 따라서 가령 다른 나라의 기업이 100년 동안 존속했다고 하더라도 일본의 시니세 기업이 경험한 시대적 배경이나 변화와 그 내용이 같은 수는 없습니다. 그렇지만 변화에 능동적으로 대처하기 위해 혁신을 멈추지 말아야 한다는, 기업을 지속가능하게 하는 그 명제만은 다를 것이 없습니다.

변화가 없는 곳에는 진화도 없습니다. '변화'가 성장의 증거입니다. 주지하다시피 다윈의 '진화론'에 따르면 오랜 지구의 역사에서 살아남은 생물은 몸집이 큰 생물도, 싸움을 잘하는 생물도 아니었습니다. 그것은 시대 변화와 환경 변화에 능동적으로 적응한 생물이었습니다. 반대로 변화에 능동적으로 적응하지 못한 생물은 크기나 힘과는 관계없이 멸종했습니다.

기업 또한 살아 숨 쉬고 움직이는 생물과 다르지 않습니다. 그래서 생존을 위해서는 환경에 따라 변화해야 합니다. 아니 사실은 기업이라는 생물이야말로 변화에 훨씬 더 치열해져야 생존 가능성이 높아집니다. 전통에 반드시 곁들여져야 하는 혁신의 핵심은 변화하고자 하는 의지입니다.

장담컨대 이 책에서 소개하는 기업들은 물론이고 성장하며 존속하는 일본의 작은 기업 중에 변화를 기피한 기업은 없습니다. 그 변화의 대상은 서비스의 방법일 수도 있고 기존 제품을 진화시킨 신상품 개발일 수도 있지만, 창조성을 발휘해 경영의 방식을 바꾸고 혁신해가는 창조적 혁신이 그 중심에 있었다는 점만은 확실합니다.

전통을 계승한다는 사실 자체는 변하면 안 되지만 혁신을 위해서는 변해야만 합니다. 변하는 것과 불변하는 것을 명확히 구분하는 것이 이들 시니세 기업의 존속을 이끈 비결입니다. 100년, 200년이라는 시대의 격동을 견디어온 만큼 전통을 확실히 계승하면서 강한 의지로 혁신을 지속함으로써 오래도록 생존할 수 있었던 것입니다. 반대로 대담한 혁신을 하지 않았다면 이들 기업은 세상에서 사라졌을지도 모릅니다. 절대로 바꿀 수 없는 것은 끝까지 지키면서 그 밖의 것은 모두 바꾸는 역동성이 일본 시니세 기업의 본질입니다. 이러한 본질은 심각한 불황에 휩싸여 도산의 위기를 맞을 때도, 그렇지 않은 평상시에도 고수한 대원칙이었습니다.

사실 시니세 기업에 대해 일본에서 연구된 수많은 결과가 이들 기업이 지속가능했던 핵심 요인으로 전통과 혁신을 동시에 강조합니다. 더불어 경영이념을 지키고, 환경 변화에 대응하고, 고객과의 연결고리를 중요하게 여기며, 인재를 육성하고, 지역과 공존하고자 하는 시니세 기업의 철학에 주목하는 연구도 많습니다. 이런 연구 결과에 따르면, 시니세 기업들 스스로 불변해야 한다고 믿는 것으로는 고객제일주의, 본업 중시 경영, 품질 본위, 제조 방법의 유지·계승, 종업원 중시, 기업이념 유지 등이 있습니다. 즉 이들 기업의 강점과 고수하는 바가 크게 다르지 않습니다. 상대적으로 강한 점은 지키고 그 이외의 것은 변해야 한다는 뜻으로 보입니다.

그렇다면 변해야 한다고 생각하는 것으로는 무엇이 있을까요? 상품과 서비스에 있어 다양한 고객수요에 대응하는 것, 시대를 반걸음 앞서가는 것, 판매채널을 시대에 맞게 바꾸는 것, 본업을 다소 줄이더라도 신규 사업을 확립하는 것, 가훈이나 기업 사명을 시대에 맞게 해석하는 것 등을 들고 있습니다.

결국 시니세 기업에 대해 연구한 결과를 함축하는 단어는 전통과 혁신일 것입니다. 이 책에서는 그러한 특징을 '이중성'이라 표현하고 있습니다.

옛날식 다방의 재발견
· · · 고메다커피 · · ·

테이크아웃 커피가 대세인 요즘에 과연 '다방'이 부활할 수 있을까요? 차를 마시는 곳인 '다방'이라는 단어 자체가 생소한 젊은 세대는 인터넷 부동산 중개업체를 말하는 건가 하실지도 모르겠습니다. 더욱이 요즘은 셀프서비스 위주의 카페가 점점 더 늘어나는 추세입니다. 테이블 없이 테이크아웃만 전문으로 하는 카페가 상당수이며, 그만큼 빠른 회전율을 통한 수익 창출이 커피전문점 사업의 핵심으로 여겨집니다.

그런데 최근 일본에서는 이른바 '옛날식 다방'으로 정반대의 길을 가는 커피전문점이 주목받고 있습니다. 1968년 동네의 작은 카페에서 시작해 2020년 900여 개 매장을 거느린 대형 체인으로 성장한 고메다커피의 이야기입니다. 언뜻 시대 흐름에 역행한 듯 보이는 고메다커피가 고수익을 올리는 비결은 무엇일까요?

- - - - **진화1** 갈 곳 잃은 중장년을 사로잡다 - - - -

고메다커피가 요즘의 유명 커피전문점들과 다르다는 사실은 매장을 들어서는 순간 바로 알 수 있습니다. 커다란 소파와 테이블, 좌석 사이사이에 세워진 칸막이까지 그 내부 풍경이 꼭 옛날식 다방 같습니다. 직원이 테이블로 와서 주문을 받고 서빙도 해줍니다.

스타벅스 등 대형 프랜차이즈 카페와는 분위기가 전혀 다른 '고메다커피'. 테이블 사이에 칸막이가 있고 푹신한 소파와 원목 느낌의 실내장식으로 꾸며져 오래전 유행했던 경양식 레스토랑을 연상시킨다.
자료: <https://www.jalan.net/news/article/414644/>.

테이블마다 신문과 잡지가 비치되어 있습니다. 이렇게 하면 좌석 회전율이 낮아 이익을 내기 어렵지 않을까 생각할 수도 있겠지만 그럴 만한 이유가 있었습니다.

일본 역시 스타벅스 등 대형 프랜차이즈 카페와 테이크아웃 위주의 저렴한 커피전문점이 늘어나면서, 중장년층이 눈치 보지 않고 스스럼없이 머물 수 있는 카페가 없다는 지적이 일었습니다. 고메다커피는 바로 이 틈새시장을 공략했습니다. 매장 대부분을 교외 지역에 배치한 것, 넓은 공간을 확보해 테이크아웃보다 매장 안에서 편안하게 머물며 커피를 즐길 수 있도록 꾸민 것도 그래서입니다. 직장인보다는 고령자나 주부, 학생과 가족 단위 손님이 많다는 점도 고메다커피가 매장을 낼 때 교외 지역을 고집하는 이유 중 하나였습니다.

----   진화2 이익을 내는 진짜 이유   ----

이쯤에서 궁금해지는 것이 있습니다. 장시간 앉아 있는 손님이 많으면 회전율이 떨어져 당연히 수익률도 낮아지지 않았을까요? 놀랍게도 고메다커피는 경쟁사인 도토루커피(ドトールコーヒ)와 긴자르노아루(銀座ルノアール)를 압도하는 영업이익률을 자랑합니다. 도토루커피가 8%, 긴자르노아루가 4% 수준의 영업이익률을 보인 데

비해, 고메다커피는 28%에 가까운 경이로운 영업이익률을 달성하기도 했습니다. 이런 일이 어떻게 가능했을까요?

고메다커피의 성공 비결은 독특한 프랜차이즈 형태에 있습니다. 본래 프랜차이즈는 상품 개발과 브랜드 전략을 맡는 본사와 현장 판매를 책임지는 가맹점 오너가 사업성과를 나누는 구조입니다. 이때 본사는 보통 매출에 대해 로열티를 챙깁니다. 그런데 고메다커피는 로열티 수입으로 높은 수익률을 올리고 있는 것이 아닙니다. 대부분의 외식업체들이 매출에 따라 로열티를 받는 것과 달리, 고메다커피는 매장의 좌석 수에 따라 로열티를 받습니다. 가맹점 매출이 아무리 증가해도 매장의 좌석 수를 늘리지 않으면 로열티는 일정하게 유지됩니다. 다시 말해, 매출 증가는 고스란히 가맹점주의 수입 증가로 직결되는 겁니다.

고메다커피는 로열티로 수입을 올리기보다는 가맹점 스스로 동기부여가 되어 매출을 늘리도록 하는 것이 더 큰 이익으로 이어지리라고 생각했습니다. 실제로 고메다홀딩스의 전체 매출에서 로열티 수입이 차지하는 비중은 20% 정도에 불과하며, 수익의 약 70%는 식음료 제조 및 도매 판매에서 발생합니다. 고메다홀딩스는 커피와 빵을 위탁 생산하지 않고 자사 공장에서 직접 만듭니다. 그리고 이를 가맹점에서 판매합니다. 가맹점 오너의 노력으로 매장이 번창하면 본사가 이익 폭이 큰 상품을 점포에 납품할 수 있게 됩니다. 그래서 2013년부터 일해온 우스이 오키타네(臼井興胤) 현 사장은 "우리 회사는 외식업체라기보다 도매상"이라고 말합니다.

이런 수익구조를 갖게 된 배경에는 창업자의 고집과 집념이 있습니다. 창업자 가토 다로(加藤太郎)가 나고야에서 카페를 처음 연 것은 1968년이었고, 이후 1970년대의 가파른 경제성장과 맞물리며 장사가 잘되자 매장을 늘리고, 다른 점포와의 차별화를 기했습니다. 우선 카페 고객을 위한 주차장 시설을 제대로 갖추고, 연중무휴라는 영업 방침과 토스트와 삶은 달걀을 무료로 제공하는 모닝 서비스 메뉴를 내놓았으며, 무엇보다도 고메다커피 매장이라면 어느 곳이든 똑같은 커피 맛을 즐기도록 하기 위해 창업자가 커피를 직접 추출해 매장으로 실어 날랐습니다.

창업자 자신이 오랜 시간 노력을 쏟아 완성한 커피 맛을 각 매장에서 동일하게 유지하려는 의도였습니다. 이것이 결과적으로 이익을 늘리는 효과를 가져왔습니다. '추출한 커피'라는, 부가가치 높은 완제품을 가맹점에 도매로 판매함으로써 커피 분말 등 반제품을 판매하는 것에 비해 이익 폭을 키울 수 있었던 겁니다.

고메다커피의 주력 상품은 커피이지만, 다양한 빵 메뉴도 손님들 사이에서 인기가 많습니다. 산지에서 엄선한 고품질 밀가루를 블렌딩한 독자적 제조 방법으로 직접 만드는데, 그중 베테랑 제빵사가 덴마크풍 파이를 64겹으로 만드는 '시로노와루'가 최고 인기 메뉴입니다. 데니시 식빵에 소프트 아이스크림과 체리를 올린 것입니다.

고메다커피의 도치기현 우쓰노미야시 매장. 붉은 벽돌과 삼각 지붕으로
이국적 분위기를 연출해 지나는 운전자들의 시선을 끈다.
자료: <https://www.tochinavi.net/spot/home/?id=14005>.

진화3 현장에서 답을 찾다

창업자 시절부터 이어져온 고메다커피의 남다른 면모는 직원 교
육에서도 나타났습니다. 고메다커피 매장에는 접객 매뉴얼이 없습
니다. 대신 매장 직원이 입사하면 총 70일간 연수가 이루어집니다.
기본 연수 후 테스트를 실시하고 거기서 합격해야 실기 연수를 받
을 수 있습니다. 이러한 교육에는 임원도 예외가 아니어서, 우스이
오키타네 사장 역시 입사 전 2주 동안은 매장에서 접시와 그릇 닦는
일을 했다고 합니다.

고메다커피는 반드시 지키는 철칙이 몇 가지 있습니다. 첫째, 누

구나 편하게 쉬었다 갈 수 있는 공간을 지향하며 '거리 속 거실' 같은 공간으로 기억되고 싶다는 고집입니다. 둘째, 맛에 대한 고집이 있습니다. 셋째, 서비스를 무엇보다 중시합니다. 손님이 문을 열고 가게로 들어왔다가 다시 문을 열고 나갈 때까지 최상의 서비스를 경험할 수 있도록 하겠다는 것이 고메다커피의 변치 않는 목표입니다. 넷째, 커피 맛에 대한 고집입니다. 세계 각지에서 엄격하게 고른 원두를 독자적 방식으로 로스팅해 고메다만의 브랜드를 만들어 가고자 하는 것입니다.

변화가 빠를수록 사라지는 것도 많습니다. 변화를 즐기는 소비자도 많겠지만, 사라지는 것을 아쉬워하는 소비자들 또한 시장에는 여전히 존재합니다. 시장의 수요가 가파른 변화를 보이는 때일수록 이런 소비자들을 겨냥하는 틈새시장을 놓쳐서는 안 될 것입니다.

02

매뉴얼의 진화
· · · 그레이스 테크놀로지 · · ·

제품 매뉴얼을 이해하는 데 어려움을 겪은 적이 있을 겁니다. 특히 산업용 기계를 써야 하는 일에 종사한다면 관리 매뉴얼이 너무 난해하여 한참을 씨름해본 경험이 있을지도 모르겠습니다. 이번에는 그런 매뉴얼 제작에서 새로운 사업 기회를 찾아낸 회사 이야기를 들려드리려 합니다.

일본의 제품은 일류이지만 매뉴얼은 그렇지 못하다는 평가를 받곤 하던 일본 산업용 기계 매뉴얼과 관련해, 매뉴얼 제작을 통째로 수주하는 혁신적 사업모델로 주목을 받은 기업이 있습니다. 그레이스 테크놀로지(GRACE Technology)라는 회사 이야기입니다. 현장에서 바로 사용할 수 있는 매뉴얼 작성을 맡아 해주는 독창적 비즈니스로 30% 넘는 영업이익률을 달성한 강소기업입니다. 일본 최초의 매뉴얼 전문 회사 그레이스 테크놀로지는 거래처를 2,000곳 이상으로 늘리며 지난 30년간 착실히 성장해왔습니다.

---- **진화1** 세상에 없던 일에 도전하다 ----

대부분의 경우 제품 매뉴얼은 제조업체 소속 설계자가 작성합니다. 제품 설계자가 뛰어난 문장력을 갖추고 있으면 다행이지만, 그렇지 않아 어려운 내용이 그대로 기술된다면 사용자가 그 매뉴얼을 이해하지 못할 수 있습니다. 그레이스 테크놀로지의 사업모델은 이런 일이 발생하지 않도록 제조업체의 제품 매뉴얼 작성을 통째로 수주하는 것입니다. 기계를 어떻게 작동시키고 관리해야 하는지, 오작동 시에는 어떻게 대처해야 하는지 등 매뉴얼의 내용 작성은 물론 디자인까지 모두 대행합니다.

마쓰무라 유키하루(松村幸治) 전 회장이 '매뉴얼 작성'이라는 세상에 없던 사업, 즉 틈새시장을 발견한 것은 우연이었습니다. 외국어대학을 졸업하고 번역 회사에서 근무하던 마쓰무라 회장은 한 제조업체의 매뉴얼 번역을 담당하게 되었는데, 당시 받은 매뉴얼의 일본어 문장이 너무나도 엉망이었습니다. 사실 일본의 산업용 기계에 딸린 매뉴얼은 예전부터 이해하기 어렵기로 소문이 나 있었습니다.

제품을 설계한 전문 기술자들이 직접 매뉴얼을 작성하다 보니 일반적으로 잘 쓰지 않는 용어가 등장하고, 돌발 상황에 대한 솔루션 정보도 부족하며, 일부 간단한 과정은 설명을 생략하는 경우가 많았기 때문입니다. 《뉴욕타임스》 기사에 "일본의 제품은 일류이지만 매뉴얼은 우스개(joke)"라는 혹평이 실렸을 정도입니다. 마쓰무라 회장은 여기서 사업 아이디어를 얻었습니다.

"기계의 조작과 설치에 비해 관리 작업은 공정이 복잡합니다. 그러니 매뉴얼의 분량도 많아지고 복잡해지게 마련입니다. 이해하기 쉽고 잘 정리된 관리 매뉴얼을 만든다면 충분히 사업성이 있을 것이라고 생각했습니다."

마쓰무라 회장은 이러한 판단 아래 산업용 기계의 관리 매뉴얼 대행 사업에 뛰어들었습니다.

- - - - **진화2** 작업자 편의성을 최우선하는 매뉴얼 만들기 - - - -

그레이스 테크놀로지는 철저히 사용자, 즉 작업자 관점에서 매뉴얼을 제작합니다. 이를 위해 고객사로부터 정리된 매뉴얼 문장을 받지 않고 그레이스 테크놀로지 소속의 직원들 중 기술자 출신자가 직접 매뉴얼을 작성합니다. 아주 높은 전문성이 요구되는 일이기 때문에 이들은 매뉴얼 작성 전에 산업용 기계 설계 자료를 꼼꼼히

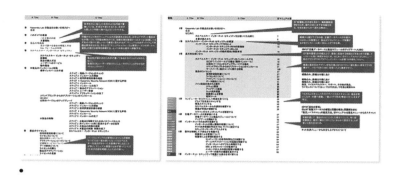

그레이스 테크놀로지는 작업을 의뢰한 기업이 사용하던 기존 매뉴얼(왼쪽)과 자신들이 새로 만든 개선 매뉴얼(오른쪽) 간의 차이를 고객사가 쉽게 알아볼 수 있도록 실제 작업 순서와 목차구성안을 비교해서 제시해준다.

자료: <https://www.g-race.com/solution/consulting/>.

검토하고 실제 설계자와 수차례 인터뷰를 하며 매뉴얼에 담길 내용을 확인한다고 합니다. 그뿐 아니라 매뉴얼을 실제로 사용하는 작업자의 편의를 최대한 끌어올리고자 노력합니다.

예를 들어, 한 중공업 회사의 의뢰로 수력발전 엔진의 매뉴얼을 만들 때는 10일에 걸쳐 작업 현장을 직접 방문해 일일이 확인하면서 상황별로 작업자가 어떻게 하는지 구체적 조작 방법을 체크했다고 합니다. 고객사 콜센터로 들어오는 문의 내용을 분석해 매뉴얼에 반영하는 것은 물론이었습니다.

그러나 아무리 이해하기 쉽게 만든다 해도, 종이책 형태의 매뉴얼에는 한계가 있었습니다. 매뉴얼 교육과 현장 교육을 병행해야 하기 때문에 교육 시간이 오래 걸리고, 불분명한 부분이 생기면 그때그때 매뉴얼을 확인하거나 제조사에 문의하는 등 적지 않은 수고가 따랐습니다. 그레이스 테크놀로지는 이런 한계를 극복하기 위해 2018년 말 '보지 않고, 읽지 않고, 이해하지 않아도' 되는 차세대 AI 매뉴얼 '그레이스 비전(Grace Vision®)'의 프로토타입을 발표했습니다.

이는 기계를 관리하는 작업자가 안경 형태로 만들어진 '그레이스 비전'을 착용하고 작업장 안을 걸어가면 안경에 삽입된 스피커를 통해 "레버 핸들을 돌려 윤활유를 주입해주세요" 등의 지시가 전달되는 방식의 신개념 매뉴얼입니다. 안경 렌즈에 기계가 있는 곳으로 가는 경로가 나타나고, 도착한 작업자가 윤활유를 몇 번 주입해야 하는지 AI에 질문하면 스피커를 통해 답을 들을 수 있습니다.

AI에 작업 순서를 입력하고, 증강현실(AR)과 음성인식 기술을 이용해 안경을 착용하는 것만으로도 작업을 해나갈 수 있게 만든 놀라운 아이디어였습니다. 이 AI 매뉴얼을 쓰면 굳이 난해한 종이 매뉴얼을 읽을 필요가 없어지는 것은 물론 누구라도 망설이지 않고 기자재를 관리할 수 있게 되어 비용도 절약되고, 기술 교육 또한 어

독창적 사업 아이디어와 높은 전문성, 여기에 최신 트렌드를 접목한 혁신 제품을 선보이며 성공적 진화의 길을 걷고 있는 기업 그레이스 테크놀로지는 2018년 차세대 AI 매뉴얼 '그레이스 비전'을 발표했다.

자료: <https://www.g-race.com/solution/gracevision/>.

렵지 않게 이루어질 수 있습니다.

그레이스 테크놀로지는 독창적 사업 아이디어와 높은 전문성, 여기에 최신 트렌드를 접목한 혁신 제품을 선보이며 성공적 진화의 길을 걷고 있습니다. 최근에는 거래 기업의 수를 줄이는 전략으로 이익률 제고에 나서고 있습니다. 장기간 거래가 가능한 기업에 집중하고, 그중에서도 주력 제품 매뉴얼을 수주하는 전략으로 이익률을 끌어올리겠다는 전략입니다. 그 결과 6년 전보다 거래 기업을 40% 줄였으며 일본 굴지의 기계 제조업체들이 주요 고객이라고 합니다.

아이디어는 누구나 낼 수 있지만 그것을 성공적으로 이끌어가는 것은 아무나 할 수 있는 일이 아닙니다. 마쓰무라 회장의 경우에도 창업하기 전에 무려 300명 넘는 경영자를 만나 조언을 들었다고 합니다. 그레이스 테크놀로지의 사례는 신사업에 도전하는 리더가 써야 할 전략이 무엇인지, 다시 한번 되새겨보게 합니다.

약자의 승리 공식

··· 이이오양조 ···

일본의 시니세 가운데 리브랜딩에 성공한 대표적 기업이 있습니다. 128년 동안 오로지 식초만 만들며 5대째 가업을 이어온 이이오양조(飯尾釀造)입니다. 선대로부터 이어받은 노하우를 잘 지켜내면서도, 제품의 가치를 더욱 높여가는 기업으로 평가받고 있습니다. 고집에 가까운 집념으로 전통을 따르되 혁신의 정신을 잃지 않고 약자의 승리 공식을 새롭게 써가고 있는 강소기업입니다.

　전 세계적으로 무려 4,000종이 넘는 식초가 있다고 합니다. 또 술이 있는 곳에는 반드시 식초가 있다는 말도 있습니다. 그 어떤 술도 발효시키면 식초가 되니 술의 종류만큼 식초가 있는 셈입니다.

　일본에서 가장 보편적인 식초도 그렇습니다. 일본 술의 대표 격인 '니혼슈(日本酒)'라는 청주로 만듭니다. 사실 어느 나라에서나 가장 즐겨 마시는 술이 식초의 원료가 되곤 합니다. 프랑스는 와인, 독일은 맥주로 식초를 만드는 것이 일반적입니다. 식초는 그 나라의 술 문화와 밀접한 관계가 있으며 술과 식문화를 분리해서 생각하기는 어렵다는 것입니다. 그런 점에서 식초는 그 나라의 식문화를 상징하는 조미료라고도 할 수 있을 것입니다.

● ● 이이오양조에서 창업 당시부터 변함없는 제조 방식으로 만들어온 준마이후지식초(純米富士酢). 교토에서 유기농으로 재배한 쌀과 산에서 솟아나는 샘물만을 이용해 만든 제품이다.
자료: <https://www.iio-jozo.co.jp/product/001>.

5대째 그대로 지켜온 이이오양조의 건물(왼쪽). 이이오양조의 식초는 양조장 안에서 약 100일 동안 발효시킨 후에도 300일의 숙성 기간이 지나야 비로소 제품으로 탄생한다(오른쪽).
자료: <https://www.iio-jozo.co.jp/about/>.

진화1 PUSH형에서 PULL형으로

일본의 많은 중소 제조업체들은 '좋은 물건을 만들면 팔린다'라고 생각하고 이 과정에서 거래처와의 관계를 가장 중시합니다. 그래서 상품 유통을 위한 마케팅에 적극 나서는 전략, 다시 말하면 외부 판매처를 만족시키는 데 집중하는 '푸시(Push)형' 경영을 하는 기업이 많습니다. 그러나 이이오양조는 이와는 정반대 방향인 '풀(Pull)형' 경영을 지향하고 있습니다.

이를 위해 우선 제품을 소비하는 최종 고객, 즉 수요자가 원하는 바를 찾아내 충족시키는 것을 최우선 정책으로 설정합니다. 그런 다음 모든 이해당사자의 의견을 적극 반영하기 위해 쌍방향 대화를 추구하는 방식으로 수요자의 희망사항을 당겨(Pull) 그들이 원하는 정책과 제품, 서비스를 내어놓습니다. 이이오양조는 자사와 거래하

는 모든 이해당사자(사원, 원재료 공급자, 지역의 기관과 거래처 등)와의 관계에서 이 방식을 채택하고 있습니다. 그래서 경영이념도 모두에게 칭찬받는 회사가 되고 싶다는 뜻에서, '인기가 많다, 사랑받는다'를 뜻하는 단어 '모테루(モテる)'를 넣어 '모테루 식초업체'로 정했다고 합니다.

이이오양조는 식초 원료로 사용하는 쌀을 농업조합 가격의 3배를 주고 계약 농가로부터 사들입니다. 그런데 한번은 농가의 생산량이 너무 많아 전량을 사들이지는 못했다고 합니다. 물론 계약 농가는 이이오양조에 넘기지 못한 쌀은 농업조합에 팔면 되지만 그럴 경우 이익이 3분의 1로 줄어듭니다. 그래서 이이오양조는 주요 거래처에 이 같은 사실을 알리고 "식초 원료로 쓰는 특별한 무농약 쌀이 있는데, 사주지 않겠습니까?"라며 도움을 요청했고, 결과적으로 농가는 생산한 쌀을 모두 좋은 값에 팔아 이익이 줄어들지 않을 수 있었다고 합니다.

진화2 프리미엄으로 승부하다

이이오양조의 또 다른 성공 비결은 '가치에 따른 가격 결정'입니다. 아무리 풀(Pull)형 경영을 한다지만, 이해관계자들로부터 지지를 받는 것만으로 늘상 비즈니스 성공이 담보되는 현실은 아니기 때문입니다. 최종 고객을 위한다며 상품을 싸게 팔거나 생산자를 위한다고 원재료를 높은 가격에 사들이면 당연히 이익을 내기가 어려울 것이기 때문입니다. 이를 극복하고자 이이오 아키히로(飯尾彰浩) 사장이 선택한 길은 기존의 상품보다 2배 비싼 프리미엄 상품을 개발하는 것이었습니다.

그리고 직접판매 비중을 늘려 이익률을 높였습니다. 프리미엄 제품을 도매로 팔아버리면 프리미엄 제품의 가격을 유지하기 힘들고 그렇게 되면 단가를 맞추기 위해 원재료 구매에 들어가는 비용이나 인건비 또한 줄여야 하기 때문에 제품의 품질과 가치를 지키기 힘들 것이라는 생각에서였습니다. 실제 선대 경영까지는 도매를 경유하는 판매가 90%를 넘었지만, 2019년 B2C 비율이 3%에서 24%로 높아지면서, 도매 비중은 60%대로 줄어들었습니다.

이이오 사장은 이 전략으로 이익률이 좋아진 것은 물론 종업원들에게 동기부여도 되고 신규 인력 채용에도 도움이 되고 있다고 말합니다. 2019년의 경우 매출은 10~20%밖에 늘어나지 않았지만 B2C 비율이 바뀐 만큼 이익률이 올라가 인건비를 늘려도 감당할 수 있는 수준이 되었다는 설명입니다.

이런 성과를 이룬 것은 이이오양조가 발빠르게 새로운 카테고리를 창출하여 대기업이 모방하게 만드는 '약자의 전략'을 택했기 때문입니다. 그 배경에는 이이오 사장의 과거 경력이 크게 영향을 주었다고 할 수 있습니다. 교토에서 고등학교를 다녔고 이후 도쿄농업대학을 졸업한 후 도쿄코카콜라에 입사했던 이이오 사장은 이전의 경력이 가업을 잇는 데 큰 교훈이 되었다고 말합니다.

"대기업은 모방을 반복하면서 점유율을 빼앗아가지만 동시에 시장을 확대시킵니다. 일례로 이토엔(伊藤園)의 '오~이오차(お~いお茶)'를 다른 대기업이 따라 하면서 차 시장이 크게 확대되었고, 캔커피도 UCC가 처음으로 만든 상품이지만 지금은 판매력에서 코카콜라의 '조지아'가 앞서면서 점유율 1위를 차지하고 있습니다. 그렇기 때문에 중소기업은 대기업이 모방할 만한 상품을 만들어내야 합니다."

이이오 사장은 대기업이 모방하는 상품을 내놓으면 자사의 점유율이 당장은 줄어든다 하더라도 시장규모가 훨씬 커지면서 충분한 매출을 올릴 수 있는 상품으로 성장할 수 있다고 강조합니다.

이런 생각에서 이이오양조가 개발한 것이 식재료를 담가놓기만 해도 피클이 만들어지는 '후지피클식초(富士ピクルス酢)'입니다. 냉장고에 남아 있는 채소를 쉽게 피클로 만들 수 있는 제품으로, 버려지는 식재료를 줄이는 '에코식초'로 많은 언론의 주목을 받았습니다.

또한 이이오 사장의 예상대로 제품이 출시되자 대기업 관계자가 '피클식초'라는 이름을 쓰고 싶다면서 찾아왔고, 이이오 사장은 조건 없이 허락했습니다. 그 후 1년이 지나자 다른 회사들까지 연이어 유사 상품을 출시하면서 '피클식초'라는 새로운 시장이 만들어졌고, 이이오양조의 매출 또한 증가했다고 합니다.

타의 추종을 불허하는, 모방 불가의 기술력과 상품을 보유하는 것도 시장 장악력을 높이는 중요한 방법이지만, 대기업이 시장에 진입할 가치가 있다고 판단하게 하는 상품을 만드는 것도 좋지 않을까요? 그렇게 시장을 키우고 더 커진 시장 규모에 따라 이익을 환수하는 전략을 쓰는 것도 중소기업이 택할 수 있는 현명한 생존 전략이 아닐까 합니다.

술 마시는 방법을 바꾸다

··· 하쿠스이샤 ···

코로나19 등의 영향으로 요즘 '홈술' 하는 분이 적지 않을 것 같습니다. 일본도 상황이 다르지 않습니다. 일본 홈술 시장에서는 '레몬사와(レモンサワ)'라는 것이 큰 인기를 얻어 코카콜라, 산토리 등 일본을 대표하는 음료업체들이 경쟁적으로 신제품을 출시하고 있습니다. 레몬사와는 일본의 소주, 곧 쇼추(燒酎) 등의 증류수에 레몬 과즙과 소다수를 섞어 만든 알코올음료인 '추하이(酎ハイ)'의 한 종류를 가리킵니다. 추하이는 쇼추와 하이볼(highball)의 합성어입니다.

레몬사와는 거리 곳곳에서 어렵지 않게 볼 수 있는 일본식 선술집 '이자카야'에서 주로 마시던 술이었습니다. 지금은 캔음료로도 출시되어 가정에서 즐기는 사람이 늘고 있습니다. 알코올 도수가 비교적 낮고 상큼한 향이 있어 여성들도 즐겨 찾습니다.

40년 전 레몬사와의 원조 격인 '하이사와(ハイサワ)'를 개발한 일본의 작은 기업이 있으니, 바로 하쿠스이샤(博水社)입니다. 일본 홈술 시장에 분 '레몬사와' 열풍의 중심에 서기까지 이 업체가 어떤 진화 과정을 지나왔는지 잘 살펴보면 작은 기업의 생존 비법에 대한 힌트를 얻을 수 있습니다.

---- **진화1** 타국에서 찾은 해답 ----

영세 음료회사가 대부분이던 일본에 코카콜라 등 해외 유명 기업이 등장한 건 1960년대의 일입니다. 당시 아버지의 뒤를 이어 작은 주스 공장을 운영하고 있던 다나카 센이치(田中專一) 회장 역시 심각한 경영난에 봉착했습니다. 글로벌 기업들과 경쟁하기 위해 홉(hop)을 사용한 맥주 풍미의 탄산음료를 개발했으나 완성 단계로 들어갈 무렵 향료를 만들던 회사가 도산하면서 이 계획은 물거품이 되고 말았습니다.

낙심한 다나카 센이치 회장은 기분전환과 재충전을 위해 두 딸과 함께 미국 샌프란시스코 여행을 떠났는데, 그곳에서 자신은 물론, 일본 주류업계를 크게 변화시킬 아이디어를 얻게 됩니다. 바로 일본식 칵테일이었습니다. 당시만 해도 일본에는 쇼추를 물 이외의 첨가물로 희석시켜 마시는 문화가 없었습니다. 다나카 센이치 회장은 미국의 다양한 칵테일과 술에 섞어 마시는 각종 음료를 접하고 쇼추를 베이스로 한 칵테일을 만들면 어떨까 하는 생각을 하게 되었다고 합니다. 이후 5년의 개발 과정을 거쳐 1980년에 탄생한 것이 바로 하쿠스이샤의 대표 제품 '하이사와'입니다.

- - - - **진화2** 고품질, 다양화로 승부 - - - -

하이사와의 특장점은 질 높은 레몬 과즙에 있습니다. 통상적으로 껍질째 레몬을 으깨 즙을 짜내지만 하쿠스이샤의 방식은 다릅니다. 이탈리아 시칠리아섬의 계약 농가에서 손으로 일일이 수확한 레몬을 통째로 썰어 과육의 중심부 30%만을 짜내서 만듭니다. 그래서 껍질의 떫은맛이 덜하고 농약 걱정도 없습니다. 이렇게 만든 레몬 과즙에 탄산수와 화이트와인, 그리고 천연오일을 조합하는 고유 비법으로 만든 레몬 향(flavor)을 넣는다고 합니다. 이 제조법은 제품을 처음 판매할 당시부터 지금까지 그대로 유지되고 있습니다.

하이사와에는 레몬맛 이외에도 자몽, 청사과, 매실, 라임 등 여러 과즙 시리즈가 있습니다. 100cc당 6kcal에 불과한 '다이어트 하이사와(레몬 및 자몽)'도 2003년에 출시했습니다. 2006년에는 홉과 레몬을 사용한 '하이사와 하이피(Hi-Sour Hi-ppy)'를, 2009년에는 '하

이사와 홉 & 레몬’, ‘하이사와 하이피 제로 비어 테이스트’ 등 해마
다 새로운 아이템을 선보이고 있습니다. 2013년에는 처음으로 주
류 생산에 도전하여 ‘하이사와 캔 레몬 추하이’도 발매했습니다. 이
러한 상품 개발은 3대 사장 다나카 히데코(田中秀子)가 중심이 된 개
발팀에서 담당하고 있습니다. 그는 신제품 개발에 매진하는 이유에
대해 이렇게 말합니다.

"중소기업은 비싼 광고비를 쓰는 방식은 부담스럽기 때문에 시대
를 반보 앞서 상품을 개발하고 바람이 불어오기를 기다리는 수밖에
없습니다."

하쿠스이샤의 제품을 구매하는 고객은 다른 주류 회사와 달리 여성 고객 비율이 높습니다. 다나카 히데코 사장이 직접 매장 시찰을 해본 결과 주로 여성이 하이사와 한 캔만 사는 경우가 많았다고 합니다. 한 캔만 사는 것을 단점이라 여길 수도 있지만, 그의 생각은 달랐습니다. 남성이나 여러 캔의 맥주를 마시는 소비층을 공략해 고객군을 넓히기보다는 한 캔을 음미하며 마시는 기존 소비자에 더 집중해야겠다고 생각한 것입니다. 2019년 4월 출시된 '하이사와 캔 프리미엄 오키나와' 시리즈가 바로 그런 생각에서 개발된 제품인데, 가격은 300엔대로 다른 제품보다 높지만, 출시 직후 호평이 이어지며 일본의 고급 슈퍼마켓 체인 세이조이시이(成城石井)에서 인기 제품으로 등극했습니다.

하이사와가 개발된 지 40여 년이 지났지만, 하쿠스이샤는 여전히 종업원 20명의 작은 규모를 유지하고 있습니다. 그럼에도 불구하고 밀려드는 대형 음료기업의 공세를 버텨낼 수 있는 것은 과거 다나카 센이치 회장의 발빠른 대처 덕분입니다. 하이사와를 처음 개발했을 때 일본에서는 중소기업을 보호하고자 대기업의 사업 진출을 제한하는 '중소기업 분야 조정법'이 새롭게 시행되었습니다. 다나카 센이치 회장은 동종 업계 중소업체들과 함께 전국청량음료협동조합 설립 허가를 받았습니다. 과거 글로벌 기업의 공세로 영세기업들이 무너지는 위기를 경험했기에 이런 시도를 해볼 수 있었던 것입니다. 일본에서는 지금도 쇼추용 탄산음료 시장에는 대기업이 진출할 수 없게 되어 있습니다.

현재 하이사와를 비롯한 추하이 시장은 대형업체부터 PB제품에 이르기까지 경쟁이 매우 치열합니다. 그런 시장에서 독보적 존재의 브랜드 가치를 만들어내는 것은 회사의 규모나 막대한 광고가 아니라 오랜 시간 공들여온 정성과 노력이라는 것을 하쿠스이샤가 여실히 보여주고 있습니다.

100년 만의 진화

· · · **마이크로파화학** · · ·

전자레인지가 불꽃 하나 없이 간단한 조작만으로 음식을 데울 수 있는 것은 마이크로웨이브 기술 덕분입니다. 세계 최초로 이 마이크로웨이브를 이용해 화학제조 분야에서 신기술과 혁신적 제조 프로세스를 선보이며 대성공을 거둔 기업이 있습니다. 기술의 명칭을 회사 이름에 그대로 적용한 '마이크로파화학(マイクロ波化学)'이라는 회사입니다. 화학산업은 의약품에서 스마트폰, 항공기에 이르기까지 다양한 분야에 원료를 제공하는 산업으로, 한 나라의 경제성장에서 디딤돌 역할을 한다고 볼 수 있습니다.

마이크로파화학이 독자적으로 개발한 화학제조 기술은 에너지 절약은 물론 효율 면에서 높은 가치를 지니고 있습니다. 이 기술이

전 세계 화학산업에 보급되면 제조공장의 소비 에너지와 제조비용을 대폭 절감할 수 있고, 지금까지의 제조기술로는 만들지 못했던 고품질의 소재와 제품을 만들어낼 수 있다고 합니다. 무엇보다도 지난 100년 동안 기술의 진화가 불가능하다고 여겨졌던 화학제조 분야에서 일궈낸 성과여서 국내외 관심이 뜨겁습니다. 인류가 한 번도 가보지 않은 길을 개척하는 이들의 작업은 여전히 현재진행형입니다.

---- 화학산업의 오랜 숙제 ----

마이크로웨이브, 곧 '마이크로파'는 파장이 1mm에서 1m, 주파수는 300GHz에서 300MHz인 전자기파를 가리키는데, 통신기기나 센서부터 건조기·전자레인지 등에 이르기까지 다양한 제품에서 쓰이는, 인류에게 매우 유용한 전파입니다. 우리가 일상에서 자주 이용하는 전자레인지는 마이크로웨이브 중 2.45GHz의 주파수를 사용합니다. 가열하고자 하는 대상을 분자 수준에서 세차게 진동, 회전시켜 내부 가열을 일으키기 때문에 짧은 시간에 대상 물체를 원하는 온도까지 끌어올릴 수 있는 것입니다.

이런 특성 때문에 마이크로웨이브는 화학산업에서 2가지 이상의 물질을 합성하고자 '가열' 방식을 쓸 때 매우 유용한 기술이 될 것으

γ ray	X ray	Ultraviolet (UV)	Visible (Vis)	Infrared (IR)	Microwave	Radiowave

Wavelength 1Å   10 nm   400-800 nm   1 mm   1 m   100 km
Frequency   300 GHz   300 MHz   30 kHz

마이크로파는 흔히 전자파라고 불리는데, 빛(자외선, 적외선, 방사선 등)과 전파(UHF, VHF, 단파, 중파, 장파 등)도 실은 전자파의 일종이다. 주파수 300GHz에서 300MHz(파장으로 하면 1mm에서 1m) 정도의 전자파가 마이크로파다.

자료: <https://mwcc.jp/service_technology/microwave/>.

로 여겨져왔습니다. 하지만 문제가 있었습니다. 오랜 연구에도 불구하고 실험실 수준의 소규모 화학합성만 가능했을 뿐 산업 수준의 화학제품 대량생산에는 성공한 적이 없었던 것입니다. 그도 그럴 것이, 마이크로웨이브는 물질에 깊이 침투하기 어려워 작업 과정에서 손실이 많고 물질로부터 반사될 뿐 아니라 균일하게 분포하지도 않는다는 문제가 있습니다. 화학산업에 활용하기 위해서는 10~20m² 규모의 '반응기'가 필요하고, 마이크로웨이브를 대상 물질 속으로 10~20m의 깊이까지 침투시켜야 하는데, 그 누구도 이 과제를 풀지 못했던 것입니다.

2009년, 종업원 수 40명에 불과하던 작은 기업 마이크로파화학이 이 불가능의 벽을 깨는 데 성공합니다. 마이크로파화학은 미쓰이물산(三井物産)에서 화학산업 부문을 담당했던 요시노 이와오(吉野巖) 사장과 오사카대학에서 마이크로웨이브를 연구해온 쓰카하라 야스노리(塚原保徳) 이사가 2007년에 의기투합해 세운 회사입니다. 특히 마이크로웨이브를 이용한 화학과 유기화학의 전문가로 오랜 시간 이 연구에 매달려왔던 쓰카하라 이사는 의외의 장소에서 문제 해결의 실마리를 찾아내는데, 바로 반응기의 방향이었습니다.

보통 화학공장에서는 반응기를 가로 형태로 사용합니다. 하지만 쓰카하라 이사는 이 반응기를 세로 형태로 바꿔 왼쪽에서 오른쪽으로 용제를 흘려보내며 연속적으로 반응시키는 방식을 떠올렸습니다. 장치를 눕혀 용제를 담아두는 위쪽 부분에 틈을 만듦으로써 마이크로웨이브가 깊숙한 안쪽까지 침투할 수 있게 하고, 반응기 안을 몇 개의 공간으로 나누고 공간 사이에 날개를 붙임으로써 휘젓는 대로 섞이면서 용제가 흘러가도록 했습니다. 이로써 효율적 반응이 가능해졌는데, 마이크로파화학은 여기서 더 나아가 기술의 범용성을 높이기 위해 고체부터 기체까지 다양한 대상에 맞는 마이크로웨이브 제어 방법도 개발했습니다.

하지만 사업은 기술만으로 되는 게 아닙니다. 완성된 기술을 대량

생산이 가능한 수준으로 정비하는 과정이 필요했습니다. 이 과정에서는 오랜 시간 화학제품 비즈니스에 몸담았던 요시노 사장의 역할이 주효했습니다. 그는 우선 화학, 물리, 엔지니어, IT 등 폭넓은 분야에서 기술을 확립하고자 관련 인재를 결집하여 마이크로웨이브의 연구, 실증, 설계부터 양산까지 모든 과정이 가능한 플랫폼을 완성시켰습니다.

- - - - 　**진화2** 포기하지만 않으면 된다　 - - - -

당초 요시노 사장은 스스로 상품을 제조하는 것이 아니라 마이크로웨이브를 이용한 제조 장치와 노하우를 화학업체에 판매하는 사업모델을 생각했습니다. 이렇게 하면 대규모 투자 없이 자신들이 가진 기술과 노하우만 제공하면 되기 때문이었습니다.

이러한 사업모델을 토대로 마이크로웨이브 기술을 활용한 소형 플랜트를 건설해 납품하기 위한 모든 준비를 마치고 영업에 나섰지만 실제 납품으로 이어지는 것은 쉽지 않았습니다. 새로운 기술에 업체 관계자가 약간의 흥미를 보이기는 했지만 그 이상의 진척은 없었기 때문입니다. "마이크로웨이브같이 뭔지도 잘 모르는 설비를 공장 안에 둘 수 없다"라고 말하며 거절하는 경우가 대부분이었습니다.

그러나 요시노 사장과 쓰카하라 이사는 포기하지 않았습니다. 시간이 흐를수록 금전적 어려움은 커졌지만, 기술에 대한 확신이 두 사람을 포기하지 않게 이끌어주었습니다. 마침내 한 전시회에서 만난 '도요(東洋)잉크'의 기술 부문 책임자로부터 지방산에스테르(脂肪酸ester) 생산을 위한 소형 플랜트를 의뢰받아, 2012년부터 이 소형 플랜트에서 지방산에스테르를 출하하는 데 성공합니다.

---- **진화3** 진화는 진화를 낳는다 ----

그 후 요시노 사장은 마이크로파화학의 진정한 기술력을 만천하에 드러내려면 대형 플랜트가 필요함을 통감했습니다. 그리하여 2014년 오사카에 실제 사용이 가능한 기술을 적용한 플랜트를 건설했습니다. 이 플랜트는 24시간 전자동제어로 지방산에스테르를 생산할 수 있었는데, 연간 생산량이 3,200톤에 달했습니다. 더 놀라운 것은 종래의 화학 플랜트와 비교해 소비에너지는 3분의 1, 가열시간(화학반응에 걸리는 시간)은 10분의 1, 용지 면적은 5분의 1에 불과하다는 점이었습니다.

마이크로웨이브를 이용하면 종래의 방식으로는 할 수 없었던 고부가가치 재료의 제조도 가능했습니다. 예를 들어, 전자 세라믹과 첨단 세라믹(Advanced Ceramics)용 첨가제, 코팅재료 등에 쓰이는 나노입자의 경우 마이크로웨이브를 이용하면 입자 크기가 고른 고품질의 나노입자를 단시간에 제조할 수 있습니다.

특히 오사카의 플랜트는 대내외로 마이크로파화학을 알리는 데 큰 역할을 하고 있습니다. 이미 일본 국내외에서 100여 개가 넘는 기업이 견학을 다녀갔고 협력을 진행하고 있는 안건도 매년 증가 추세입니다. 현재 마이크로파화학은 플랜트 건설 시 기본적으로 고객과 공동으로 개발하거나 기술을 공여하는 방식을 주로 쓰고 있습니다. 2014년에는 세계 최대 화학업체인 독일의 BASF와 공동개발 계약을 맺고 플라스틱 원료가 되는 폴리머(polymer) 개발을 함께 진행하고 있습니다. 2017년 3월에는 식품소재업체 다이요화학과 합작하여 자사의 공장 안에 '자당(蔗糖)지방산에스테르'를 만드는 플랜트도 준공했는데, 생산능력이 연간 약 1,000톤으로 해마다 20억 엔의 매출을 올리고 있습니다. 자당지방산에스테르는 식품용 유화제의 일종으로 주로 캔커피 등에 사용되는 것을 말합니다.

"19세기 후반부터 번성하기 시작한 화학산업은 그 후 100년 이상 변하지 않았습니다. 마이크로웨이브로 100년 만의 혁신을 일으키고 싶습니다"라고 말하는 요시노 사장. 100년 만의 혁신을 시작한 마이크로파화학이 또 다른 100년을 어떻게 바꿔나갈지 기대가 됩니다.

가면 안 된다는 길을 갔다

· · · 닛세이PR · · ·

이제 '환경경영'은 기업경영에서 피할 수 없는 과제입니다. 유해 물질 배출이 심한 인쇄업계에서 이 문제는 특히 풀기 힘든 난제 중 난제일 것입니다. 더욱이 최근의 인쇄업계는 대표적 불황 업종으로 생존 자체가 위협받고 있는 상황입니다.

이런 위기 속에서도 '환경 친화적 인쇄'와 '고품질 미술인쇄'를 앞세워 지속성장을 이어가는 기업이 있습니다. 도쿄에 본사를 둔 닛세이PR(日精ピーアール)입니다. 이 회사는 인쇄 시 쓰는 축임물 (dampening water)을 더는 쓰지 않기로 했습니다. 즉, 유해한 물질을 많이 포함하고 있는 인쇄용 물을 사용하지 않기로 결정함으로써 환경 친화적 인쇄업체로 각광을 받고 있는 것입니다.

대표적 사양산업으로 꼽히는 인쇄업에서 생존을 위해 보통의 인쇄회사라면 쉽게 선택할 수 없는 길을 가기로 결정한 닛세이PR. 과연 그 결과는 어땠을까요? 성공적인 진화의 중심에서 혁신을 이어가고 있는 나카무라 신이치로(中村慎一郎) 현 사장의 경영전략 속에 그 힌트가 있습니다.

- - - - **진화1** 살아남기 위한 선택 - - - -

닛세이PR은 2020년 창업 85주년을 맞은 회사로, 일본 인쇄업계에서도 보기 드물게 장수하고 있는 기업입니다. 나카무라 신이치로 사장의 조부 나카무라 이코(中村謹吾)가 창업하고 부친인 나카무라 겐키치(中村憲吉)가 사세를 확장시키며 오늘에 이르렀습니다. 닛세이PR은 기업들이 회사를 홍보하거나 상품을 소개할 때 필요한 리플릿과 카탈로그 등을 그 기획부터 디자인, 인쇄, 제본까지 일관되게 맡아서 해주는 상업인쇄 생산체제를 갖추고 있습니다. 수십 년간 거래를 맺어온 고객사가 적지 않아 그동안은 안정적 경영 상태를 유지할 수 있었습니다.

그러나 2009년 4대 사장에 취임한 신이치로 사장은 전통과 역사, 단골고객에게 의존하는 경영 상태에 큰 위기감을 느꼈습니다. 대학 졸업 후 손해보험 회사, 광고제작 회사 등 다양한 기업에서 경력을 쌓은 그에게 선대의 경영 방식은 '안정'이 아니라 '정체'로 보였던 겁니다. "타사와의 차별화 전략을 강구하지 못하면 미래가 없다"라고 생각한 신이치로 사장은 경영개혁에 착수합니다. 그리고 당시 이미 사회적 키워드로 자리 잡았던 환경문제에 초점을 맞추어 부가가치 창출 방안을 모색하는데, 그것이 바로 '물 없는 인쇄기'였습니다.

일반적으로 인쇄업계에서는 오프셋(offset) 인쇄 방식을 써왔는데, 이는 물과 기름(잉크)의 반발(反撥)을 이용하는 것으로 인쇄판에 '축임물'이라 부르는 물을 대량으로 쏟아부어야 합니다. 그 결과 유해한 휘발성유기화합물(VOC)을 많이 함유한 폐수가 발생해 환경오염을 유발합니다.

반면, 미국에서 처음 개발된 '물 없는 인쇄' 방식은 축임물을 쓰지 않기 위해 실리콘고무로 된 특수한 인쇄판을 쓰기 때문에 폐수가 전혀 발생하지 않습니다. 게다가 물을 사용하는 인쇄에서는 미세조정을 위해 시험인쇄를 여러 번 해야 하고 그 때문에 대량의 종이 손실이 발생하지만 물 없는 인쇄 방식, 곧 실리콘고무 인쇄판을 쓰면 그 조정이 간단해 종이 손실을 줄일 수 있습니다.

문제는 이 실리콘고무 인쇄판으로 바꾸려면 초기 구입 비용이 적잖이 들고 기계 운용 또한 쉽지 않아 트러블 발생 가능성이 있다는 점이었습니다. 그래서 그동안 인쇄업계의 외면을 받아왔던 것입니다. 실제로 일본 내 1만 4,000여 개 인쇄업체 가운데 물 없는 인쇄기를 도입한 곳은 150여 개사에 불과했습니다.

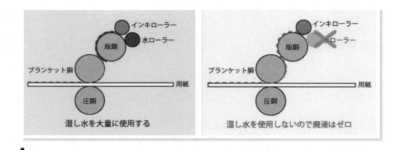

통상적 오프셋 인쇄에서는 잉크가 닿는 부분과 잉크가 닿지 않는 부분을 구분하기 위해 대량의 축임물을 사용하며 이 물은 사용 후 폐수로 버려져 환경을 오염시킬 수 있다(왼쪽). 하지만 닛세이 PR의 실리콘고무 인쇄기는 폐수를 아예 만들지 않는다(오른쪽).

자료: <https://www.nspr.co.jp/service/print/print.html>.

---- 진화2 두려운 선택 앞에서 두려움 없이 ----

물 없는 인쇄 방식을 도입하겠다는 신이치로 사장의 선택은 처음에 내부 반발을 불러오기도 했습니다. 오랫동안 물을 이용한 인쇄 방식만 써왔고 거기에 익숙했던 직원들의 불만이 폭주한 것입니다. 회사 바깥의 지인으로부터도 "실패가 불 보듯 뻔하니 시도하지 않는 것이 좋다"라는 충고를 들었습니다. 그럼에도 신이치로 사장은 계획을 실행에 옮겼습니다.

각오를 단단히 하였지만 물 없는 인쇄기를 도입하는 과정은 결코 만만하지 않았습니다. 단순히 설비를 바꾸는 것만으로 해결되지 않는 다양한 문제가 있었기 때문입니다. 물을 전혀 사용하지 않는 만큼 공장 안의 습도와 온도를 적정하게 유지해야 하고 잉크의 농도 등 미묘한 조정 기술도 요구되었습니다. 수십 년 쌓아온 노하우의 대부분을 버리고 새로운 노하우를 발휘해야 하는 상황이 닥치자 기존의 설비 책임자 6명 중 2명은 퇴사를 선택하기도 했습니다.

우여곡절을 겪었으나, 신이치로 사장은 이 힘든 과정에 대해서도 뜻밖의 이야기를 합니다.

"깜짝 놀랄 정도로 일이 순조로웠습니다. 착실하게 준비한 덕분이기도 했지만 '물 없는 인쇄는 트러블이 생기기 쉽다'라는 이야기는 새로운 시도를 꺼리는 사람들의 핑계에 불과했다는 것을 알게 되었습니다."

신이치로 사장이 이렇게 말하는 것은 모두의 우려와는 반대로, 새로운 기계와 기술을 적용하자 인쇄공정이 단축되었고 작업효율도 향상되었기 때문입니다. 습도와 온도가 일정하게 유지되니 작업환경도 더 좋아졌습니다. 인쇄작업이 이뤄지는 공장 내부의 대기에서 휘발성유기화합물이 검출되지 않아 작업자의 건강 유지에도 유익한 효과가 나타난 것입니다.

물 없는 인쇄 방식으로 전환한 것은 생각지 못한 기회를 열어주기도 했습니다. 바로 최고 수준의 정교한 인쇄를 가능하게 한 겁니다. 인쇄물은 작은 망점(網點)의 집적으로 이루어집니다. 물을 이용한 인쇄에서는 이 망점이 번져 흐려지지만, 물 없는 인쇄에서는 보다 정확히 재현되기 때문에 그만큼 깨끗하고 아름다운 고정밀 인쇄물로 완성시킬 수 있었던 것입니다. 그 덕분에 닛세이PR은 이른바 '미술인쇄'라는 새로운 시장에 진입하여, 박물관과 미술관에서 필요로 하는 고품질 가이드북, 달력, 카탈로그 등의 신규 주문이 증가 추세에 있다고 합니다.

---- **진화3** 환경경영으로 차별화 ----

물 없는 인쇄 방식의 도입으로 성공 가능성을 맛본 신이치로 사장은 이후 잉크와 종이, 사용전력에 이르기까지 인쇄의 거의 모든 부분을 환경 친화적으로 바꿔나갑니다. 인쇄업에서는 아무래도 종이를 대량으로 소비할 수밖에 없는데, 닛세이PR은 인쇄 시 국가의 삼림관리협의회(FSC)가 인정하는 용지를 적극 사용하고, 석유 계열 잉크 대신 식물성 기름으로 만든 잉크를 사용했습니다. 식물성 기름 잉크는 휘발성유기화합물이 발생하지 않기 때문에 폐기 처리가 용이하고 잉크 제거도 쉬워 재활용에도 적합하다고 합니다. 또한 인쇄했을 때 잉크 투명도가 높아 발색도 좋습니다.

2009년부터 일본의 인쇄업계에서는 선도적으로 모든 조명을 LED로 교체해 전력량을 절반으로 줄였습니다. 여기에 더해 연간 사용량 30만kw 중 3만kw는 이산화탄소를 배출하지 않는 그린

(green) 전력으로 충당하고 있습니다. 인쇄물 납품에서 폐기와 리사이클까지의 이산화탄소 배출량을 계산한 다음, 상쇄하는 배출권을 구입하는 탄소상쇄(carbon-offset)도 하고 있습니다.

신이치로 사장은 이 모든 혁신에 대해 이렇게 말합니다.

"변화의 과정에서 거센 반발과 우여곡절을 겪었고 많은 비용이 발생했지만, 옳은 길이라 믿었기에 계속해나갈 수 있었습니다. 이 같은 결단이 새로운 닛세이PR을 만드는 결정적 계기가 되었습니다."

신이치로 사장과 닛세이PR의 진화는 변화가 없는 곳에는 진화도 없다는 메시지를 다시 한번 되새기게 합니다. 누군가의 용기 있는 결단이 진화를 가능케 합니다.

일본 카레 1호의 생존 전략

··· 하치식품 ···

2021년 4월, 트위터에서 한 장의 사진으로 주목받은 일본의 식품 회사가 있습니다. 우주비행사 노구치 소이치(野口聰一)가 국제우주 정거장에서 동료들과 같이 찍은 사진이었는데, 그 중앙에 공중에 떠 있는 작은 카레 봉지가 함께 찍혔습니다. 이로 인해 '우주비행사의 카레'로 큰 화제가 된 주인공은 '하치식품(ハチ食品)'으로, 1905년 일본 최초로 분말 카레의 국산화에 성공한, 일본 카레의 원조 기업입니다. 하치식품이 수많은 시장 경쟁자들 속에서도 오래도록 '원조'라는 명성을 떨치며 생존해온 비결은 무엇일까요?

엄격하게 말해 하치식품은 카레 향신료 업체입니다. 자사 제품 대부분에 향신료를 넣습니다. 이 향신료의 맛을 잘 내려면 향신료 원료를 어디서 어떻게 찾아내는가와 그 후의 개발 단계가 중요합니다. 채소처럼 향신료에도 '제철'이 있어서 확실히 제철 향신료는 신선하고 풍미가 좋습니다. 하지만 이 또한 농산물이라 환경이나 기후 조건에 따라 품질과 수확량 등이 나라마다 지역마다 다릅니다. 하치식품은 이런 상황까지 고려해서 가장 좋은 원료를 찾아 월 단위로 구매를 하고 있습니다.

향신료를 구매하고 나면 가장 먼저 선별 작업을 합니다. 그리고 각각의 향신료 재료의 특성을 고려하여 자사 공장에서 고속 분쇄기와 롤 분쇄기, 스탬프 분쇄기 등으로 잘게 분쇄하고 용도에 맞게 섞습니다. 이 공정으로 향신료의 풍미와 신선도를 유지할 수 있게 됩니다.

- - - -   진화1 일본 최초의 분말 카레   - - - -

1845년 야마토야(大和屋)라는 간판을 내걸고 창업한 하치식품은 본래 중국과 동남아시아로부터 들여온 약재를 취급하는 도매상이었습니다. 식품 제조와는 거리가 멀었던 이 회사와 카레의 인연은 의외의 장소에서 시작되었습니다.

어느 날 2대 사장 이마무라 야베(今村弥兵衛)는 한방 약재를 넣어둔 곳간 구석에서 수입 카레와 비슷한 향이 나는 짐을 발견했습니다. 안에는 울금과 고추 등의 향신료가 들어 있었습니다. 그는 '이 향신료들로 분말 카레를 만들어보면 어떨까' 하는 아이디어를 떠올리고는 곧바로 연구에 뛰어들어, 앞서 말한 대로 1905년에 일본 최초의 분말 카레를 개발해냅니다.

사실 일본에서 '카레'는 메이지 시대 초기에 전해져, 이미 1890년대 후반 무렵에는 어디서나 쉽게 접할 수 있는 음식이었습니다. 하지만 당시 일본에서 유통되던 카레는 영국의 C&B(Crosse & Blackwell) 사가 만드는 카레파우더가 유일했습니다. 성분 표시법 등의 규제가 없던 시절이라 카레파우더의 원료와 성분은 전혀 알 수 없었고, 그래서 일명 '마법의 가루'라 불리며 유통되었습니다. 이런 상황에서 일본 최초로 하치식품이 국산 카레 분말 '하치카레' 개발에 성공한 것입니다.

---- 최초 기업도 피하지 못한 시련 ----

하치카레는 그 후 전국 가정으로 빠르게 팔려 나갔고, 하치식품 역시 큰 성공을 거두었습니다. 하지만 행복은 오래가지 않았습니다. 얼마 지나지 않아 전쟁이 시작되었고, 하치카레는 본사 사옥은 물론 생산 시설까지 큰 피해를 입게 됩니다. 하치식품은 본사 사옥을 이전하고 재기의 기회를 모색해나갔습니다.

하치식품은 1905년 일본 최초로 분말 카레를 생산하기 시작했다. 최초로 판매한 분말 카레(위)와 사업 초기에 쓰인 홍보용 차량과 간판 그리고 판촉용 앞치마(아래).
자료: <https://www.hachi-shokuhin.co.jp/founder/>.

전쟁이 끝난 뒤 전후 부흥 정책과 더불어 식량 사정이 조금씩 나아지자 카레가 다시 식품 시장 전면에 떠오릅니다. 만들기 쉽고 영양이 풍부하다는 점 때문에 학교급식으로 채택되면서 수요가 폭발적으로 증가한 겁니다. 하지만 식품업체들이 일제히 분말 카레와 액체형 카레를 출시하고 대대적 광고를 하면서 가격경쟁도 치열해졌습니다. 격화된 경쟁에서 밀려난 하치식품은 경영 상황이 악화되어 결국 1956년에 회사갱생법(会社更生法)을 신청하는 지경에 이르게 됩니다. 이후 가족경영 형태에서 벗어나 다시 재기에 나서기까지는 12년이라는 시간이 필요했습니다.

진화2 강점을 활용한 새로운 도전

그 후 하치식품은 대기업 OEM 위주 생산에 특화된 사업을 전개하며 조금씩 회사를 재건해갑니다. 비록 OEM이지만 오사카, 고베, 교토 등의 학교급식용 카레를 시장에서 독점하며 안정을 찾아갔습니다. 하지만 OEM 생산이 주류를 이루게 되면 가격 결정권은 물론 자립성 측면에서도 제약을 받습니다. 이를 잘 알고 있던 하치식품은 점차 자사 브랜드 판매를 늘려나갔습니다.

1990년에는 레토르트(retort) 카레 판매를 시작하며 가정용 카레 시장에 도전합니다. 사실 레토르트 카레는 1968년 오츠카식품(大塚食品)이 포문을 연 뒤 구리코(江崎グリコ社), 하우스식품(ハウス食品), 에스비식품(エスビー食品) 등 일본에서 브랜드파워가 있는 식품 대기업이 연이어 진출한 상태였기에 쉽지 않은 도전이었습니다. 사내에서도 반대하는 목소리가 많았습니다.

이때 하치식품은 식품 대기업들과의 직접적 경쟁을 피하는 길을 택합니다. 품질도 업소용에 가까운 정도로 맞추고 판매도 백엔숍과 드럭스토어, 디스카운트스토어 등 당시 대규모 식품회사가 관심을 두지 않았던 유통채널에서 했습니다. 가격도 100엔대로 설정해 누구나 부담 없이 즐길 수 있는 카레라는 점을 강조했습니다.

이렇게 시장에 진입한 하치식품은 자사의 강점을 십분 활용합니다.

하치식품은 원료 수입부터 가공, 생산까지 전 과정을 직접 수행합니다. 향신료 원료를 직접 들여와 로스팅, 분쇄, 숙성의 단계를 거치며 분말 카레를 자체 생산하고, 레토르트 카레와 액체형 카레까지 만드는 식품업체는 많지 않습니다. 이런 전략이 성공을 거두면서 2000년에는 기존 공장에 더해 나가노현에 레토르트 식품 전용 공장을 추가로 설립하기도 했습니다.

- - - -　　　　　**진화3**　제2의 생존 전략　　　　　- - - -

또한 하치식품은 시장 수요 변화에도 긴밀히 대응하고 있습니다. 일본의 레토르트 카레 시장은 맞벌이 세대와 1인 가구의 증가로 그 규모가 매년 확대되는 추세입니다. 대형마트의 중소형 슈퍼마켓 사업 진출이 늘면서 판로 경쟁도 더욱 심해지고 있습니다. 하치식품은 이러한 시장 환경 변화에 발맞춰 지역 특산물을 활용한 현지 카레 제품과 유명 카레전문점의 맛을 그대로 재현하는 맛집 카레 제품을 다수 출시하면서 상품군을 확대해나가고 있습니다. 매년 25~30개의 신상품을 출시하며 사업 환경 변화에 대응하고 있는 것입니다. 이런 노력에 힘입어 매출과 영업이익이 해마다 증가해왔고, 마침내 매출 100억 엔 규모의 기업으로 성장했습니다.

원조기업이 경쟁우위를 지킬 수 있는 기간은 그리 길지 않습니다. 역사가 깊다는 것만으로는 지속가능성을 보장받을 수 없기 때문입니다. 그렇다면 시대가 요구하는 변화 및 적응 역량을 키우며 끊임없이 차별화하는 것이야말로 생존의 가능성을 높이는 방법일 것입니다. 하치식품이 대기업과의 치열한 경쟁에서 원조의 위상을 지켜내며 또 어떤 독자적 노선을 만들어나갈지 궁금합니다.

세계 제일이 아니면 안 한다

· · · 마니 · · ·

틈새시장을 찾고 있다면 이 기업에서 힌트를 얻을 수 있을지 모릅니다. 왜냐하면 일본에서 '틈새 전략'이라 하면 반드시 언급되는 기업이기 때문입니다. 바로 의료기 제작 중소기업 마니(マニ)입니다.

틈새 전략과 차별화 전략은 다릅니다. 차별화는 차이를 강조해서 시장을 확장하는 것이 목적이지만, 틈새 전략은 제한된 시장 안에서 이익을 찾아내는 전략입니다. 마니는 틈새 전략 중에서도 경쟁사가 기술을 보유하고 있지 않은 분야를 개척하는 기술 틈새 전략으로 30%의 높은 영업이익률을 유지하는 기업으로 잘 알려져 있습니다. 기술적 우위를 지키며 의료기기 시장의 독보적 존재로 인정받는 마니의 성공적 진화에는 아무나 따라 할 수 없는, 자신들만의 창의적이고 독창적인 아이디어와 신념이 숨어 있습니다.

진화1 세계 제일인가, 아닌가

틈새시장에서만 경쟁하는 전략의 최대 장점으로 다카이 도시히데(高井壽秀) 회장은 "라이벌 기업이 지닌 기술을 빠짐없이 연구할 수 있다"라는 점을 듭니다. 그 상징이라 할 수 있는 것이 매년 두 번 열리는 '세계 제일인가, 아닌가'라는 이름의 회의입니다. 사내 기술자들이 존슨앤드존슨(Johnson & Johnson) 등 경쟁사 제품의 성능과 품질에 대해 샅샅이 조사하는 겁니다. 이 과정에서 마니의 제품이 뒤진다고 생각되는 점이 하나라도 발견되면 제품 개량을 시작한다고 합니다.

예를 들어 마니의 주력 제품으로, 외과수술 등에 사용되는 봉합바늘의 경우에 찌르기 쉬운지, 부러지지 않는지 등 기능별로 경쟁사 제품과 비교하면서 하나씩 성능을 높여나갑니다. 만약 1년에서 1년 반 정도 개량을 지속했는데도 세계 제일이 되지 못하면 그 시장은 과감히 포기합니다.

이와 같은 프로세스로 제품 개발을 진행하기에 틈새시장이 아닌 시장에는 진출하지 않습니다. 경쟁사가 너무 많아 타사 제품의 성능을 빠짐없이 연구하는 것이 불가능하기 때문입니다. 틈새시장이라서 플레이어가 많지 않고, 그렇기에 경쟁사 제품을 철저히 분석해 '세계 제일'이라 공언할 수 있는 제품을 만드는 연구에 전념할 수 있는 겁니다.

마니는 이처럼 세계 제일만을 고집합니다. '세계 제일'이라는 명성을 얻으면 고객에게 제품이 선택될 가능성이 높아지고, 그러면 영업 담당 직원이 없어도 판매대리점으로부터 직접 주문을 받게 되어 결과적으로는 인건비를 크게 줄일 수 있습니다. 실제로 치과에서 충치 뿌리를 깎아내는 기구는 세계시장 점유율이 35%를 넘기며 마니 제품이 1위를 차지하고 있으며, 안과 수술용 칼도 세계시장의 30% 정도를 마니의 제품이 장악하고 있습니다.

- - - - 　**진화2** 압도적 품질이 답이다 　 - - - -

마니는 1956년 스테인리스 의료용 봉합바늘을 제조하면서 창업했습니다. 한 손으로 잡을 수 있는 의료용 소모품, 특히 의료용 칼과 절삭 기구에 특화된 회사로, 주력 제품은 수술용 바늘, 안과 수술용 칼, 치과 치료용 드릴 등입니다.

의료기구는 신체에 직접 닿는 것이라 예민하고, 아주 정밀한 작업을 수행해야 하는 것이기에 기능과 품질 면에서 그 기준이 매우 까다롭습니다. 예를 들어 봉합바늘은 수술 중 부러지면 인체 조직에

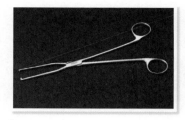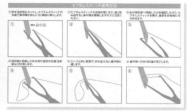

코 수술에 사용되는 마니의 지침기(持針器)와 제품 사용법 안내문.
자료: <http://www.mani.co.jp/pdf/surgery_05.pdf>.

상처를 주고 체내에 남겨질 위험이 있기 때문에 단단해야 하지만, 부드러운 피부 조직을 섬세하게 봉합해야 하니 또 유연해야 합니다. 아울러 의료용 소모품은 녹이 잘 슬지 않고 인체에 무해한 소재를 사용해야 합니다.

마니는 이 상반되는 조건을 만족시키기 위해 품질 향상에 모든 역량을 쏟아왔습니다. 미세가공 기술은 물론이고 안정적 소재를 개발하기 위한 금속재료 기술, 그리고 개발한 소재와 제품의 품질을 확인하기 위한 독자적 시험 및 평가 기술도 확보하고 있습니다. 2020년에 마니가 국내외에서 특허를 취득한 기술만 해도 480건이고, 같은 해 8월 기준으로 출원 중에 있는 것도 152건에 달합니다. 마니의 제품 대부분에 사용되는 소재 '마니 하드파이버 스테인리스 스틸(MANI hard−fiber stainless steel)'도 마니가 자체 개발한 것입니다.

특히 안과 수술과 심장혈관 수술에 사용되는 미세바늘 분야에서

● ● 마니의 대표 상품인 눈 수술용 봉합바늘 설명서.
자료: <http://www.mani.co.jp/pdf/surgery_01.pdf>.

마니의 기술력은 압도적입니다. 직경 140㎛ 이하의 바늘을 대량 생산할 수 있는 기업은 세계에서 마니가 유일합니다. 빌 클린턴 전 미국 대통령의 심장 수술에도 이 회사의 바늘이 사용되면서 탄탄한 신뢰를 얻게 되었습니다.

품질과 함께 마니가 또 하나 중요하게 생각하는 부분은 의사의 선호에 맞는 최적의 제품을 제공하는 겁니다. 소형 의료기기 시장은 여러 개의 작은 분야로 구성되는데 그 각각의 분야 역시 수많은 제품으로 다시 나뉩니다. 예를 들어, 수술용 바늘은 사용되는 인체의 세포 성질은 물론 용법과 사용하는 의사의 스타일 등에 따라 선택이 가능하도록 다양한 길이, 직경, 칼끝 형상, 바늘의 완곡(婉曲), 강도가 존재합니다. 이 때문에 이 시장에서는 규모의 경제를 달성하기가 어렵고, 그렇다 보니 시장에서 활동하는 기업도 소규모가 많습니다. 또한 대다수 기업은 비용 절감을 위해 제품 종류를 최소화합니다.

그러나 마니는 이와는 정반대의 길을 가고 있습니다. 제품의 종류를 늘리는 대신 고품질을 무기로 가격을 높게 책정해 소형 의료기기 시장의 한계를 극복해나가고자 하는 겁니다. 마니가 생산하는 수술용 바늘은 1만 종류이며, 치과 치료용 기기는 3,000종에 달합니다. 그리고 이들 제품의 가격은 경쟁사 제품보다 20~50% 비쌉니다.

---- 진화3 전략의 일관성 ----

마니는 1970년부터 지켜온 전략이자 원칙이 있으니 다음과 같은 것들입니다.

: 의료기기 이외의 사업에는 진출하지 않는다.

: 독창적 기술이 확보되지 않은 제품은 만들지 않는다.

: 제품수명이 20년 미만인 제품은 만들지 않는다.

: 세계시장에서 팔 수 없는 제품은 만들지 않는다.

: 본업에 필요 없는 재테크는 하지 않는다.

: 세계 제일을 추구하고 틈새시장만을 공략한다.

2020년 11월 새로 부임한 사토 마사히코(齊藤雅彦) 사장 역시 "세계 제일의 품질을 구현하려면 독창적 기술을 새로 만들어낼 필요가 있다"라고 말하면서 이 같은 원칙을 재차 강조했습니다.

틈새 전략을 활용하는 데 있어서는 마니처럼 '기술력'이라는 질적 경영자원을 앞세워 진입장벽을 세우는 방법도 있지만, 시장의 규모를 조정하는 양적 측면에서 리더 기업 등의 경쟁사 진입을 저지하는 방법도 있습니다. 분명한 점은 경영환경이란 끊임없이 변하는 것이기에 틈새는 언제든 생겨날 수 있다는 겁니다. 질적 공략이든 양적 공략이든, 틈새를 공략할 기회를 찾아보기 바랍니다.

PART 2. 전문성

:
:

〰〰〰〰〰

사회가 함께 만드는 전문가

〰〰〰〰〰

　여기서 전문가란 특정 직업과 관련된다든지 특별한 훈련을 통해 가능한 '프로페셔널(professional)'을 말하는 것이 아닙니다. 특정 주제에 대해 독보적 지식을 갖고 있고 관련 작업에 대해 고도로 숙련된 노하우를 가지고 있다는 뜻으로, '익스퍼트(expert)'에 해당합니다. 그런 의미에서 어쩌면 '스페셜리스트(specialist)'에 더 가까울지도 모르겠습니다.

　사실 일본의 노벨상 수상 소식은 더 이상 뉴스도 아닙니다. 수십 년 이어지는 연구 풍토 등 그 배경에 대한 이야기는 식상하게 느껴질 정도입니다. 하지만 그런 성향과 특성이 기업의 장기존속에 영향을 준다는 사실만은 부인할 수 없으며, 그게 바로 그들만의 전문성일 것입니다. 그 전문성은 어떻게 갖출 수 있을까요? 우직하게 한 길을 걸어야겠지만, 그 길이 꼭 경제적 동기 때문에 걷는 길은 아닙니다. 경제적 동기가 그런 기업을 만드는 것이라면 어느 나라 어느 기업이든 비슷하게 따라 하며 비슷한 수준에 도달할 수 있을 겁니다.

　일본에서 '익스퍼트'가 다양한 분야에서 활동할 수 있는 것은 기능인을 높이 평가하는 사회적 인식과 문화가 깊이 자리 잡고 있기 때문입니다. 에도 시대에는 사농공상의 '공'에 해당하는 사람들을 '쇼쿠닌(職人)'이라 불렀습니다. 수작업으로 물건을 만들며 숙련된 기술력을 갖춘 그들은 산업혁명 이전까지 생산활동의 중심에 서 있었습니다. 기술은 주로 도제제도에 의해 계승되었습니다. 스승의 허락을 받고 일을 시작한 제자는 변변한 급여도 받지 못한 채 단순작업과 잡일을 하는 틈틈이 어깨너머로 기술을 배우며 수년에서 수십 년이 지나 비로소 쇼쿠닌이 될 수 있었습니다.

에도 시대 이전 이미 무사들이 권력을 장악했는데 이들은 비록 고위층일지라도 자기 손으로 갑옷과 투구 등을 제작했고 스스로 노동을 했습니다. 이런 문화도 기술자의 사회적 위상을 높이는 데 크게 기여했습니다. 예를 들어, 도요토미 히데요시(豊臣秀吉)의 최측근 가토 기요마사(加藤清正)는 성을 쌓는 데 필요한 전문지식을 갖추고 있었고 실제로 축성 현장에서 노동을 했다는 기록도 남아 있습니다.

쇼쿠닌은 세금을 면제받는 등 영주의 지원에 힘입어 성장했고 때로는 혈연을 뛰어넘는 양자 입양을 통해 가업을 이어갔습니다. 그래서 에도 시대에는 '선망의 직업'이 쇼쿠닌, 즉 기술직이었고 경쟁도 치열했습니다. 경쟁에서 살아남으려면 더 좋은 물건을 만들어야 했습니다. 더 좋은 물건을 만들고자 하는 그 정신을 '쇼쿠닌가타기(職人気質)'라고 합니다.

쇼쿠닌가타기는 기술을 탐구하고, 자신감을 갖고, 금전적·시간적 제약 때문에 의지를 꺾거나 타협하지 않으며, 납득이 가는 일만 하는 경향을 뜻합니다. 일단 맡은 일은 이익 여부를 떠나 자신의 기술을 최대한 활용하여 제품을 완성하는 장인의 기질을 가리킵니다. 전통 공예품 분야에서 쓰이던 쇼쿠닌 개념이 현대에는 토목, 초밥,

금속가공 등 여러 분야에서 통용되고 있습니다만, 엄격한 도제 제도를 통해 탄생하는 쇼쿠닌은 이제 거의 없고 그것을 목표로 하는 청년들 또한 줄어들면서, 대를 이어갈 쇼쿠닌이 점차 줄어들고 있는 현실입니다.

전문성은 자격증이 아니라 사회가 인정한다

쇼쿠닌은 자격증이 주어지는 전문가는 아닙니다. 해당 업계와 일본 사회가 인정하는 칭송받는 전문가에게 주어지는 호칭입니다. 실제로 일본에서는 이들 쇼쿠닌에게 최고의 경의를 표합니다. 메이지 시대 이전 철저한 계급사회를 지켜왔던 일본에서는 직업을 바꾸는 일조차 불가능했습니다. 부모의 직업이 자식에게 대물림되었고, 이 경우 자식은 부모보다 더 뛰어난 기술력을 갖추는 것이 인생 최대의 목표였습니다. 이런 과정을 통해 쇼쿠닌이 재탄생하며 일본만의 특수한 가업 중시 사회가 만들어진 것입니다. 가업을 이어받아 성공하기 위해서는 쇼쿠닌으로서 칭송을 받아야 했습니다.

이 책에도 등장하는 이야기입니다만, 몇몇 일본 기업은 '다쿠미(匠)'를 주축으로 하는 사내 제도를 운영합니다. 다쿠미란 쇼쿠닌 수준의 궁극의 기술을 보유하고 있으면서 후배 기술자들에게 그 기술을 전수하여 존경을 받는 기술자를 의미합니다. 이 역시 자격증으로 확인할 수 있는 명예는 아니지만, 만약 다쿠미의 위치에 오르면 사회적 위상에 걸맞은 보상을 받습니다. 사실 금전적 보상보다는 '다쿠미'로 불린다는 것 자체가 명예로운 일로 여겨져, 그 분야에서 최고 성공을 거둔 것으로 인정받습니다.

쇼쿠닌으로 가는 여정의 험난함을 아는 일본의 소비자들은 그들이 들인 시간과 열정에 존중을 표하고 그들이 만든 물건에 마땅한 값을 치릅니다. 해외 명품브랜드 숍이 즐비한 도쿄 오모테산도 거리를 걷다 보면 군데군데에서 우리에게는 잘 알려지지 않은 일본의 토종 브랜드들을 만나게 됩니다. 이들 매장에서 판매하는 각종 제품은 가격이 유럽 명품 브랜드와 어깨를 나란히 할 정도입니다. 그럼에도 일본의 소비자들은 기꺼이 그 제품을 구매합니다. 쇼쿠닌이 만드는 제품에 대한 인정이자 사회적 대접인 것입니다. 일본의 '기술 중시' 문화는 이렇게 만들어져 유지되었고, 그 문화가 지속가능한 강한 기업들이 다수 존재하는 데 버팀목이 되어주었습니다.

주식거래소에 상장된 대기업은 주주의 기대를 인식해서라도 지속적 매출 증대를 통한 규모의 확대를 피하기 어렵습니다. 그러나 일본의 강소기업들은 규모 확대를 추구하기보다 본업을 소중히 여기며 대를 이어가는 일에 훨씬 더 큰 의미를 부여합니다. 본업의 라이프사이클이 끝나는 것을 결코 받아들이지 않으며 쇠퇴의 위기를 넘어 존속의 길을 찾습니다. 사업에 변혁이 필요한 순간이 닥치면 주력 산업을 진화시키는 방향에서 수익 창출 및 확립 방법을 모색합니다.

1980년대 후반 일본에서 대학을 다닐 때 필자의 룸메이트였던 일본 친구는 졸업하면 고향 오사카로 돌아가 아버지가 하던 다코야키 가게를 이어받아야 한다고 말했습니다. 그 조건으로 도쿄의 대학 진학을 허락해주고 학비도 대주었다고 했습니다. 대학 졸업 후 도시의 번듯한 회사에 취직할 수 있을 텐데 굳이 다코야키 장사를 하려는 까닭은 무엇일까? 당시 필자는 그 친구의 마음을 이해하기 어려웠습니다. 선조들이 쌓아놓은 전통을 중시하고 쇼쿠닌의 존재를 존중하는 일본 고유의 사회적 기반을 그때는 잘 몰랐기 때문입니다.

오래전부터 우리나라 청년들은 기능올림픽에 나가 우수한 성적을 거두고 돌아왔습니다. 하지만 손에 기름때 묻혀가며 열악한 근무환경에서도 묵묵히 기술 연마에 열정을 쏟는 기술자에 대한 우리 사회의 인식은 여전히 낮은 수준입니다. 다행히 최근에는 달인이나 명인의 가치가 매스컴을 통해 부각되며 이전에 비해서는 긍정적 이미지로 확산되고 있어 고무적인 일입니다.

일본에서는 '천재'라는 말보다 '쇼쿠닌'이라는 말을 더 좋아한다는 이야기를 들은 적이 있습니다. 일본에서 흔하게 볼 수 있는 '숙련기술자 집단형' 동네 공장은 쇼쿠닌에 대해 경의를 표하는 일본의 오랜 사회적 기반이 있기에 가능한 것입니다.

퇴직 직원을 다시 모셔라!
· · · 타카라토미 · · ·

　독자들 중에 '미니카' 수집을 취미로 가진 분이 혹 있을지 모르겠습니다. 미니카는 말 그대로 손바닥에 올려놓을 수 있을 정도로 아주 작은 자동차 완구 제품입니다. 그런데 크기는 비록 작아도 이 미니카의 품질을 검사하는 일은 결코 작고 간단한 일이 아닙니다. 이를테면 100년에 가까운 역사를 지닌 일본의 전통 완구 기업 타카라토미(タカラトミ)는 미니카의 품질 검사를 위해 수백 가지 항목의 체크포인트를 보유하고 있습니다. 1970년 '토미카(トミカ)'라는 미니카 브랜드를 발매해 유명해진 완구 회사의 이야기입니다.

　그런데 이 회사는 100여 년의 긴 역사에도 불구하고 2012년 영업이익이 곤두박질치며 경영상의 위기를 맞습니다. 구조조정을 시행해 전체 직원의 10%가 희망퇴직을 했고, 그렇게 위기를 극복한 뒤인 2017년 131억 엔이라는 역대 최고치 영업이익을 기록했습니다. 그 재기의 과정에 어떤 비결이 숨어 있는지 확인해보겠습니다.

- - - -　　　압도적 판매 규모　　　- - - -

타카라토미의 역사는 1924년 2월 2일, 21세의 젊은이 토미야마 에이이치로(富山栄市郎)와 어느 기술자가 함께한 작은 공방 '토미(トミー)'에서 시작되었습니다. 두 사람은 '우리가 만든 우수한 제품으로 세계시장을 떠들썩하게 하자'를 구호로 내걸었습니다. 2014년 창립 90주년을 맞았을 당시 토미야마 간타로(富山幹太郎) 회장은 "어린이와 그 가족이 세계에서 가장 신뢰하는 장난감 회사가 되고 싶다"라는 말을 남기기도 했습니다.

일반적으로 일본의 완구 장르는 16개로 구분되는데, 타카라토미는 이 가운데 15개 분야에서 제품을 생산하고 있으며 장난감 브랜드는 60개가 넘습니다. 그동안 타카라토미가 만들어 판매한 장난감의 규모를 보면 정말 놀라지 않을 수 없습니다. 전 세계에서 1초에 5개가 팔리고 1년에 약 1억 6,000만 개가 판매되고 있다고 합니다. 앞서 언급했던 대표 제품 '토미카'는 누적 판매수가 5억 7,400만 개를 넘겼고, 차량이나 동물 등 다른 형태로 변신할 수 있는 오토로봇

트랜스포머 완구 라인은 전 세계 137개국에서 판매되고 있습니다. 한마디로, 전 세계 거의 모든 어린이들에게 사랑받는 장난감을 생산, 판매하는 회사입니다.

---- **진화1** 간판상품의 재탄생 ----

타카라토미의 놀라운 재건을 주도한 이는 헤럴드 G. 메이(Harold George Meij) 사장이었습니다. 그는 토미야마 간타로 회장이 2014

년에 전격 스카우트한 인물로, 일본 코카콜라의 부사장을 지낸 바 있습니다. 기업 재건을 부탁받고 부임한 메이 사장이 가장 심각한 문제로 본 것은 '간판상품'의 저조한 실적이었습니다. 개선이 필요했으나 회사의 역사가 긴 만큼 회사 고유의 정체성이 담긴 간판상품에 '혁신'이라는 이름으로 아무 아이디어나 담을 수는 없었습니다. 고민하던 메이 사장은 뜻밖의 해결책을 찾아냈습니다. 바로 정년을 앞두고 있던 베테랑 직원들에게 그 작업을 맡겨보자는 것이었습니다.

보통 혁신을 한다고 하면 새 인물을 투입해 그간의 관점이나 편견을 그냥 깨버리는 경우가 많습니다. 그래야만 새로운 아이디어가 생겨날 수 있다고 생각하는 것입니다. 하지만 메이 사장은 '간판상품의 혁신'만큼은 무엇보다 해당 제품에 정통한 베테랑 직원의 노하우를 반영하는 게 중요하다고 판단했습니다. 그래서 60세 정년을 맞아 퇴직을 준비하던 직원을 재고용했습니다. 이 60세 베테랑 직원과 젊은 직원들이 함께 팀을 이뤄 새로운 상품을 만들어내도록 주문한 것입니다.

이런 과정을 거쳐 2017년에 출시된 제품이 변신로봇 자동차 '드라이브 헤드'였습니다. 타카라토미의 대표 브랜드이자 48년 역사를 가진 토미카에 최신 트렌드인 변신로봇을 접목해 만든 제품으로, 이후 엄청난 히트 상품이 됩니다. 하지만 이때만 해도 재고용한 베테랑 직원은 어디까지나 조력자로서 후배들에게 조언을 하는 정도였습니다. 강하게 자신의 생각을 밀어붙이기에는 현실적 한계가 있었습니다.

----- **진화2** 진정한 '펠로'의 등장 -----

'드라이브 헤드' 시리즈로 성공의 가능성을 맛본 메이 사장은 베테랑 직원이 가진 능력을 최대한으로 끌어낼 필요가 있다고 생각했고, 그래서 2018년 4월에는 새로운 제도를 도입했습니다. 바로 '펠로' 제도였습니다. 60세 정년을 맞은 직원 중 생산현장 경험 등 간판 상품을 만들어낼 만큼 우수한 기술과 노하우를 가진 직원을 '펠로'로 임명하고 젊은 직원들을 직속 부하로 둘 수 있도록 제도화한 것입니다.

그렇게 시작한 제도에 힘입어 2019년 현재 펠로가 8명으로 늘어났습니다. 그리고 이들 '펠로'의 활약에 기대를 건 브랜드가 '조이드(Zoids)'입니다. 공룡과 동물을 모티브로 한 조립식 완구인 조이드는 브랜드 탄생 40주년의 장수 브랜드이자 매출 830억 엔에 달하는 인기 제품입니다. 1983년부터 2006년까지 두 차례 시리즈가 출시되며 큰 인기를 모았지만, 이후 신제품 출시가 지지부진하면서 인기가 다소 하락했습니다.

메이 사장은, 그사이 '개발' 업무와 멀어졌으나 조이드 개발 초기

1983년 조이드의 초기 모델 개발에 참여했던 베테랑 직원과 퇴직자가 젊은 직원들의 펠로가 되어
새로 출시한 브랜드 '조이드 월드'. TV 애니메이션으로도 제작, 방영되었다.
자료: <https://www.takaratomy.co.jp/products/zoids/>.

사정을 누구보다 잘 아는 베테랑 직원들과 이미 회사를 떠난 퇴직자
를 불러 모았습니다. 조이드 초기 개발 시 아이디어를 냈던 직원들
을 펠로로 재고용하고, 젊은 직원을 직속 부하로 배정해 조이드의
새로운 시리즈 개발에 착수한 것입니다. 개발 착수 두 달 만인 2018
년 6월, 3세대에 해당하는 '조이드 월드'를 출시했습니다.

　두 세대가 만나 탄생한 조이드 월드는 초창기 제품의 특성과 최신
트렌드가 적절히 조화를 이룬다는 평가를 받았습니다. 조립식 완구
의 특성은 유지하되 완제품에 익숙한 데다 니퍼(nipper) 등 공구 사
용법을 모르는 요즘 아이들의 특성을 고려해 별도로 포장된 부품을
조립하는, 안전하고 간단한 방식을 채용했습니다. 여기에 '생명체
를 발굴 복원한다'라는 젊은 직원의 아이디어를 채택해 보다 리얼한

움직임과 다양한 구동 형태가 가능하도록 했습니다. 신구 조화로 브랜드의 장점은 살리면서 현대 수요에 맞는 상품을 개발하는 데 성공한 겁니다.

진화3 베테랑 사원의 진가

타카라토미의 베테랑 직원들은 기획 단계에서만이 아니라 생산 과정에서도 맹활약을 합니다. 완구의 대량생산이 차질 없이 가능하려면 시제품 제작 단계가 가장 중요합니다. 시제품 제작 단계에서 효율적 설계를 미리 해놓지 않으면 대량생산에 돌입했을 때 작업상의 어려움을 겪을 수 있기 때문입니다. 타카라토미는 2018년 3개년 중장기 경영계획을 세우면서 '시제품 효율화'를 목표로 내걸었고, 여기서도 '펠로'들의 역할을 강조하고 있습니다. 베테랑 숙련공이 보유한 기술을 후배 직원들에게 잘 전수하는 것이 효율화로 이어진다는 판단이었습니다.

퇴직을 앞둔, 심지어 이미 퇴직한 베테랑 사원들의 암묵지에서 혁신의 실마리를 찾아낸 타카라토미는 그 온고지신의 지혜로 결국 재기에 성공해 지금 이 순간에도 미래를 만들어나가고 있습니다.

좁고 깊게 판다

··· 나가이레벤 ···

의사와 간호사 등 의료기관에 종사하는 사람들이 입는 의료용 가운은 위생은 기본이고, 주머니의 위치나 크기 등에서 차별화된 특수 기능도 필요합니다. 따라서 보통의 의복과 달리 제작이 까다롭습니다. 그럼에도 그 기능은 물론 디자인까지 인정받는 의료용 가운을 만든 회사가 있습니다. 독보적 스타일의 의료용 가운으로 전대미문의 이익률을 달성하고 있는 나가이레벤(ナガイレーベン)이라는 회사입니다.

나가이레벤은 2019년 기준 매출 170억 엔에 영업이익 52억 엔, 그러니까 영업이익률이 무려 30.8%에 달하는 놀라운 성과를 달성했습니다. '의료용 가운'이라는 단일 품목으로 이렇게 높은 영업이익률을 달성하기란 결코 쉬운 일이 아닙니다. 선택과 집중의 모범적 비즈니스 사례로 주목할 만한 회사입니다.

더욱이 최근 몇 년, 코로나19 팬데믹으로 전 세계에서 의료 종사자의 노고가 새롭게 조명되는 분위기입니다. 일본도 예외는 아니었는데, 특히 의료용 가운이 부족한 것 등의 문제가 언론에 보도되기도 했습니다. 그러자 기업의 사회적 책임을 인식한 나가이레벤은 의료용 가운 1만 장을 의료기관에 기부하고, 일본간호협회를 통해 마스크 4만 장을 의료기관 및 의료 관련 서비스업에 보내는 등 적극적 활동에 나섰습니다.

---- **진화1** 한 가지만 잘하자! ----

나가이레벤이 1915년 창업할 때부터 의료용 가운만 만든 것은 아닙니다. 시작은 업무용 흰색 가운 전문업체였고, 식품가공업체나 이발소 등에 제품을 판매했습니다. 의료용 가운은 그중 한 분야였습니다.

그러다 1969년, 나가이레벤은 의료용 가운의 시장 확대 가능성을 감지하여, 다른 분야는 과감히 정리하고 의료용 가운에만 집중하기로 결정합니다. 이를 위해 아키타현에 '나가이백의공업(ナガイ白衣工業)'이라는 자회사를 설립합니다. 그리고 상품 기획에서 제조, 판매

에 이르기까지 모든 과정을 스스로 개척해나가고 있습니다.

사실 의료용 가운은 갖추어야 할 기능이 적지 않습니다. 우선 의복에 세균이 증식하지 못하도록 하는 항균가공이 필수입니다. 또한 의료기기 오작동을 유발할 수 있는 정전기가 발생하지 않도록 특수 처리를 해야 합니다. 아울러 깨끗한 백색을 오랫동안 유지하도록 만들어야 하지만 광택이 나거나 투명한 소재를 쓸 수는 없습니다. 수첩과 필기도구를 넣을 수 있는 주머니가 있어야 하고, 활동성이 좋아야 하니 두껍게 만들어서도 안 됩니다. 이렇게 까다로운 기준을 모두 만족시키는 의료용 가운을 만들기 위해 나가이레벤은 일본의 대표적 섬유 업체 도레(東レ), 쿠라레(クラレ)와 공동으로 적절한 소재를 개발하고 있습니다.

현재 나가이레벤의 매출은 병원 간호사와 요양시설에서 일하는 요양보호사들이 입는 헬스케어 의류 사업이 전체의 60%를 차지합니다. 나머지는 의사복과 환자복, 수술복 등입니다. 헬스케어 의류 사업 분야만 보면 일본 시장의 약 65% 점유율을 자랑하는 압도적 존재로 성장한 것입니다.

진화2 수익을 내는 이유

당연한 이야기이지만, '의료용 가운'이라는 틈새시장을 장악했다고 해서 이익률이 저절로 높아지지는 않습니다. 사실 나가이레벤이 높은 수익률을 달성하는 진짜 이유는 따로 있습니다.

일본은 의사복과 간호사복 등의 의료용 가운을 병원이 구입하지 않습니다. 깨끗한 위생 상태를 유지하려면 빈번히 세탁을 해야 하는데, 그렇게 되면 비용이 많이 듭니다. 그래서 대부분의 경우 전문 세탁업체가 의료용 가운을 구입해 병원과 요양시설에 리스하는 방식을 취하고 있습니다.

보통 의료용 가운은 100번 정도 세탁하면 교체 시기가 되는 소모품으로 간주합니다. 이에 따라 세탁업체는 지속적으로 의료용 가운을 교체할 필요가 생기고, 병원은 병원대로 세탁업체로부터 리스 형태로 의료용 가운을 지속적으로 이용해야만 합니다. 한마디로, 틈새시장 고유의 상관행(商慣行)이 만들어진 겁니다.

나가이레벤은 이러한 판로를 잘 활용하면 병원에 직접 판매하는 것보다 영업비용을 줄여 안정적 이익을 기대할 수 있다고 보았고, 이러한 시장 판단이 고령화 진전에 따른 일본의 의료 및 요양업계의 성장과 맞물리면서 나가이레벤은 매출이 가파르게 상승했습니다.

- - - - 진화3 고급화 전략 - - - -

나가이레벤의 또 다른 전략은 부가가치가 높은 의료용 가운을 만

●● 다양한 병원 업무에 필요한 필수 기능은 물론 디자인 감각까지 고려해서 만드는 나가이레벤의 간호복. 의사복과의 조화, 수술 가운과의 친화성 등을 생각해 제작한 것이다.
자료: <https://www.nagaileben.co.jp/Webcatalog_Nasoul_2020/html5.html#page=14>.

드는 것입니다. 최근 일본의 의료업계에서는 건강보험을 적용받는 보험진료와는 별도로, 다소 고가인 자유진료(비보험진료) 비율을 높이고자 하는 병원이 늘고 있습니다. 그리고 이들 병원에서는 아무래도 1벌에 3,000엔 정도의 저가 의료 가운보다는 고급 소재를 사용하고 디자인도 뛰어난 1만 엔 이상의 프리미엄 제품을 선호합니다.

나가이레벤은 이러한 흐름을 놓치지 않았습니다. 2018년 1월에는 새로운 브랜드 '브라이트 데이즈(Bright Days)'를 출시하면서 '의료용 가운 패션쇼'를 개최하기도 했습니다. 일본 최대 화장품 업체 시세이도(資生堂)의 뷰티 크리에이션 센터의 감수를 거쳐 탄생한 브라이트 데이즈는 특별히 고안된 컬러를 사용해 얼굴색을 더 아름답

게 보이게 하는 효과를 낸다고 합니다. 고된 노동으로 피곤할 때도 환한 얼굴색을 유지시켜 환자에게 좋은 인상을 준다는 것입니다. 나가이레벤은 브라이트 데이즈를 판매하는 데 그치지 않고 시세이도와 협력해 메이크업 강좌 또한 열 계획입니다. 이 강좌는 여성 간호사에게 어울리는 메이크업과 환자 및 가족에게 좋은 인상을 주는 헤어스타일 제안 등의 내용으로 꾸며진다고 합니다.

누구도 가보지 못한 미개척 시장을 찾아내는 것도 어려운 일이지만, 아무도 경험하지 못한 틈새시장을 열어나가는 것도 결코 쉬운 일이 아닙니다. 뛰어난 기술력을 갖추었다고 해서 되는 일도 아닙니다. 그러나 파이오니아 기업에 의해 끊임없이 새로운 틈새시장이 열리는 모습을 우리는 자주 목격합니다. 그 기업들의 공통분모가 과연 무엇인지를, 나가이레벤의 사례를 떠올리며 궁리해보면 좋겠습니다.

11

없다고? 만들자!
· · · 시마세이키제작소 · · ·

〜〜〜〜〜〜〜〜〜〜〜〜〜〜〜〜〜〜〜〜〜〜〜〜〜〜〜〜〜〜

요즘 의류업계에서는 '홀 가먼트(whole garment)'라는 말이 자주 쓰입니다. 꿰매어 맞춘 부분이 없는, 즉 '무봉제' 니트를 말하는데, 에르메스, 구찌, 아르마니 등 유럽 명품 브랜드는 물론 유니클로 등 패스트패션 브랜드까지 앞다투어 도입하고 있는 방식입니다.

봉제선 없는 니트가 유행하게 된 것은 이러한 제조 방식을 가능하게 한 편물(가로뜨기)기계가 있었기 때문입니다. 바로 시마세이키제작소(島精機製作所)에서 독자적으로 개발한 직조기계입니다. 시마세이키제작소는 이 분야에서 세계시장 60%를 차지하고 있고, 이 제품을 바탕으로 20% 넘는 영업이익률을 기록했습니다. 시마세이키제작소가 의류업계의 핫 트렌드를 만들고 이를 선두에서 이끄는 그

96

차별화 전략이 무엇인지 알아보겠습니다.

- - - - 세상에 없는 것을 만드는 회사 - - - -

시마세이키제작소는 목표가 뚜렷하고 확고합니다. '세상에 없어선 안 되는 기업이 되겠다'라는 것입니다. 좀 더 풀어 말하면, '세상에 없는 것을 만들어라, 없으니까 만들어라, 그래서 없어서는 안 되는 기업이 되자'라는 것입니다. 창업자이자 전 사장인 시마 마사히로(島正博)는 "인류에게 의식주는 없어서는 안 됩니다. 그 속에서 조금이라도 세상에 도움이 되는 것이 시마세이키의 존재 의의입니다"라고 말합니다.

시마세이키제작소는 시마 사장이 '전 자동 장갑 편물기(全自動手袋編み機)'를 개발하면서 시작된 기업입니다. 그 후 시마세이키제작소는 패션업계 발전에 기여하는 '과제 해결형 기업'으로 진화했고, 이제는 패션업계에서 축적한 강점을 살려 다른 업계의 발전에도 기여하는 '감성정보형(感性情報型)' 기업으로 성장하겠다는 비전을 갖고 있습니다.

1962년에 창립한 사마세이키제작소는 '장갑 짜는 기계'를 만드는 업체로 출발했습니다. 기존의 기계로 만든 목장갑은 손가락 끝부분에 실이 뭉쳐 사용하는 사람의 손끝 감각을 무뎌지게 만들었습니다. 그런 탓에 종종 기계에 손가락이 끼어도 알아차리지 못해 손가락을 잃는 사고가 빈번히 발생했습니다.

시마 사장은 이 문제를 해결하기 위해 손끝 감각이 무뎌지지 않도록 둥글게 짤 수 있는 장갑 편물기계를 고안했습니다. 그리고 손목 부분에 고무를 넣어 손목 쪽으로 가면서 뜨개질 코를 줄여야 하는 번거로운 공정을 생략할 수 있었고, 그 덕분에 사용자들이 장갑을 끼고 벗는 것도 더 쉬워졌습니다. 기능성을 높이고 사고 발생 가능성을 줄이면서 비용은 낮추는 최고의 혁신을 이룬 것입니다.

시마 사장이 다음으로 주목한 것은 니트 편물기계였습니다. 니트 의류를 자동으로 제작하는 편물기계가 당시에도 없었던 것은 아니지만 부족한 점이 많았습니다. '자동'이라고는 하지만 한 벌의 스웨터를 만드는 데 여전히 사람의 손이 많이 필요했습니다. 시마 사장

시마세이키가 개발한 '홀 가먼트 컴퓨터 편물기'는 니트 의류를 짤 때 거쳐야 했던 재단과 봉제 작업을 없애 직조 과정을 단순화했다.
자료: <https://www.shimaseiki.co.jp/wholegarment/business/>.

은 그 문제에 집중했습니다. 우선 가장 힘들다고 여겨지던 옷깃 부분을 자동으로 짤 수 있는 편물기계에 도전해 1967년 '전자동 옷깃 편물기'를 세계 최초로 개발하는 쾌거를 올립니다. 그 후로도 시마 사장의 '한계 극복'은 이어졌습니다. 1995년에 개발한 '홀 가먼트 컴퓨터 편물기'는 소매부터 몸통까지 한 번에 3차원의 니트를 짜내는 기계로, 재단과 봉제 과정을 없앤 혁신적 제품입니다.

이전까지는 스웨터 등 니트 제품을 생산하려면 먼저 옷의 앞뒤 부분과 소매 등을 조각조각 재단한 뒤 이것을 다시 이어 붙여 완성했습니다. 하지만 새로 개발된 시마세이키제작소의 편물기계는 한 벌을 통으로 짜내기 때문에 재단이나 봉제가 필요 없어 전체 공정이 매우 간단해집니다. 자투리 옷감도 없을 뿐 아니라 이음새를 감추기 위해 안감을 덧댈 필요도 없어졌습니다. 더욱이 새로운 홀 가먼

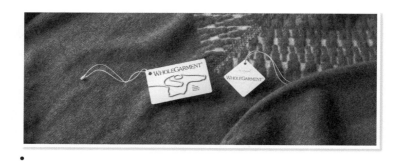

의류 소비자에게 제품의 우수성을 알리기 위해 '홀 가먼트' 상품임을 표시하는 태그를 부착한다.
자료: <https://www.shimaseiki.co.jp/wholegarment/tag/>.

트 니트는 기존의 봉제선 있는 옷보다 실루엣이 더 아름다웠고 착용감도 좋았습니다. 이러한 특별함이 있기에 지금은 홀 가먼트 컴퓨터 편물기로 만든 제품에는 별도의 태그를 부착해서 판매하는 것을 추천하고 있습니다.

이토록 놀라운 기술은 어떻게 개발되었을까요? 결코 엄청난 연구를 했던 것이 아닙니다. 어느 날 시마 사장의 눈에 거꾸로 매달린 장갑이 터틀넥(turtleneck) 스웨터로 보였다고 합니다. 엄지손가락과 새끼손가락은 양 소매로, 가운데 손가락 3개는 몸으로 보였습니다. 이미 장갑을 봉제선 없이 편물기계로 짜고 있었기에 장갑이 된다면 스웨터도 짤 수 있겠다는 생각이 들었고, 그 착상이 곧바로 기술혁신으로 이어진 겁니다.

그 후 시마세이키제작소는 세계 최초의 기술을 실현한 편물기계들을 다양하게 선보이며 의류업계에 변혁을 가져왔습니다. 실의 움직임을 최소화해 좌우대칭이 완벽한 고품질 제품을 생산할 수 있는 '슬라이드 니들(slide needle)', 기존 횡편기의 문제점이던 실의 굵기 제한을 없앤 와이드 게이지도 개발했습니다.

2012년 한국에서도 선보인 바 있는 '시마 디자인 솔루션'은 섬유 관련 전시회에서 언제나 주목받는 제품으로, 이를 이용해 제작한 패턴 샘플은 실제 원단과 매우 흡사하게 프린팅돼 만져보기 전에는 어느 것이 진짜인지 구분이 어려울 정도입니다. 또 이 시스템은 시뮬레이션한 소재나 스캐너로 입력한 원단을 제품으로 만들었을 때 어떻게 구현되는지를 입체적으로 보여주기 때문에 샘플 제작으로 인한 시간과 비용을 절약해준다고 합니다.

시마세이키제작소의 이런 기술혁신에는 앞서 언급한 대로 '없는 것은 만들어낸다'라는 시마 사장 특유의 철학이 바탕에 깔려 있습니다. 실제로 시마세이키제작소에서는 설비기기는 물론 부품의 75%를 스스로 만듭니다. 컴퓨터 하드웨어와 편물기계를 움직이는 소프트웨어도 자체 개발함으로써 편물 제작에 필요한 모든 노하우를 확보하고 있습니다. 시마 사장이 "다른 회사가 아무리 흉내를 내고 싶어도 쉽게 따라 할 수 없을 것"이라고 장담하는 이유입니다.

창사 이래로 시마세이키제작소는 자사의 독자적 기술과 작업 현장의 경쟁력을 유지, 발전시키기 위해 정사원 중심주의를 관철시키고 있습니다. 시마 사장은 일을 사랑하고 창의적 발상에 적극적인 직원을 육성하려면 비정규직 채용을 지양하고 정규직 사원을 채용해야 한다고 믿습니다. 그는 이렇게 말합니다.

"세계 최초를 만들기 위해서는 직원 한 사람 한 사람의 '느끼는 힘, 즉 촉각'이 전제가 되어야 합니다. 그것을 의식하지 않고 활용하지 않으면 '세계 최초'는 만들어질 수 없습니다."

일에 대한 사랑을 바탕으로 항상 무엇인가를 느끼고 깨달아야만 창의적 발상으로 이어질 수 있다는 믿음입니다.

얼마 전 유니클로의 야나이 다다시(柳井正) 회장은 시마세이키제작소에 대해 "세계 최고의 기술을 가지고 있다"라고 극찬을 아끼지 않으면서 양사의 전략적 파트너십을 강화하겠다고 이야기한 바 있습니다. 유수의 의류회사들로부터 이토록 상찬을 받는 시마세이키제작소, 창사 이래 타사가 만든 것을 단 한 차례도 똑같이 따라 만든 적이 없다는 시마세이키제작소의 이야기를 떠올리며 바쁜 일상 속에 무뎌진 촉각을 예민하게 되살려보길 바랍니다.

두 번의 실패는 없다
· · · 시바기켄 · · ·

일본에는 글로벌 무대의 선두에서 어깨를 나란히 하는 기술을 가진 강소기업이 적지 않습니다. 그중 시바기켄(芝技硏)은 유리나 실리콘처럼, 딱딱하지만 깨지기 쉬운 재료를 가공하는 데 있어 세계 제일의 기술력을 자랑하는 기업입니다. 연이은 도산 위기를 이겨내고 마침내 120명 직원을 둔 중견기업으로 성장하기까지 이 회사가 어떤 역사를 써왔는지 살펴보겠습니다.

후쿠시마 겐타로(福島健太郎) 회장이 다니던 회사를 그만두고 창업을 한 것은 1969년의 일입니다. 경영학과를 졸업하고 종합상사에서 영업을 담당한 경험을 살려 금속 가공기계를 판매하는 회사를 설립했습니다. 기존 인맥과 영업 노하우로 소규모 판매는 어느 정도 이루어졌지만 큰 고객을 확보하지 못해 경영 상황은 고만고만한 수준에 머무르다 결국 회사는 도산하고 말았습니다. 후쿠시마 회장은 살던 집을 잃었을 뿐 아니라 집 한 채 값의 부채도 떠안았습니다.

그러나 그는 포기하지 않았습니다. 1980년, 아내와 한 명의 직원과 함께 3평 정도의 임대주택을 빌려 다시 사업을 시작합니다. 그것이 바로 시바기켄입니다. 초창기는 칠전팔기의 연속이었습니다. 기계나 기술에 관해 아는 사람도 없었고 제대로 된 제품을 만들지도 못했습니다. 그 때문에 창업 후 3년간은 단 한 대의 기계도 팔지 못해 생활고에 시달려야 했습니다.

제대로 된 기술자가 절실했지만, 부채만 가득한 상태에서 거액의 연봉을 주고 기술자를 스카우트해 오기란 불가능했습니다. 고민하던 후쿠시마 회장은 현업에서 뛰고 있는 기술자가 아닌, 정년 퇴직자를 찾아 나서기로 합니다. 그리하여 1983년 대규모 공장기계 업체의 은퇴 기술자를 고문으로 데려올 수 있었습니다. 이제 본격적으로 장치 개발에 나설 수 있게 된 겁니다. 때마침 업계에서는 노트

북용 2.5인치 하드디스크의 기판이 알루미늄에서 유리로 바뀌고 있었습니다. 시바기켄은 대규모 유리업체로부터 글라스디스크 가공 장치를 수주하며 다시 날개를 펼칩니다.

---- **진화2** 제조기업의 최종병기, 노하우 ----

후쿠시마 회장은 품질우선주의를 표방하며 제품 개발을 시작했습니다. 수주가 들어오면 설계 단계부터 시험가공을 반복하며 고객이 납득할 때까지 제품을 개량해 최종 납품을 했습니다. 그만큼 시간과 공이 많이 들어갔지만 좋은 제품으로 고객의 신뢰를 쌓는 것이 더 큰 기회를 가져다주리라 믿었습니다.

하지만 이런 노력에도 불구하고 또다시 예상치 못한 문제가 발생해 시바기켄의 발목을 잡습니다. 고객이 처음에는 이런 방식으로 시바기켄에 주문해 좋은 품질의 기계를 개발하게 만들어 납품을 받고는 그다음부터는 기계 도입 비용을 낮추기 위해 동일한 제품을 시바기켄이 아닌 다른 업체에 더 낮은 가격으로 주문해 납품받는 일이 빈번하게 일어났던 겁니다. 시바기켄은 결국 개발비를 회수하지 못해 부채가 늘어났고, 1995년에는 누적손실이 자본금의 20배에 이르며 또다시 도산 직전 상황에 내몰리게 됩니다.

"고객에게 화도 내봤지만 소용없는 일이었습니다. 내가 할 수 있는 건 죽을힘을 다해 버티는 것뿐이었습니다."

후쿠시마 사장은 버텼습니다. 그리고 의외의 기회로 재기의 발판을 마련하게 됩니다. 대규모 소재업체로부터 반도체 제조용 소모부품의 가공이 가능한지 문의가 들어온 것입니다. 당시만 해도 그러한 가공 기술은 이 세상에 존재하지 않았지만 후쿠시마 회장은이 기회를 놓치지 않았습니다. 은행에서 융자를 받아 새로운 설비를 도입하고 공장을 지었습니다. 당시 시바기켄의 재무 상태를 고려하면 무척 과감한 도전이었습니다.

물론 그가 이런 결정을 내린 데는 이유가 있었습니다. 그는 이렇게 말합니다.

"그동안 고객에게 납품하기 위해 장치를 개발하고, 테스트와 가공을 계속해오면서 사내에 가공 기술이 축적되고 있었습니다. 비록기계 양산의 기회는 빼앗겼지만 축적된 노하우를 잘 활용한다면 승산이 충분하다고 생각했습니다."

진화3 노력은 배신하지 않는다

후쿠시마 회장의 도전은 어떤 결실을 맺었을까요? 25년의 시간이 흐른 지금 시바기켄의 기기들은 단단하지만 부서지기 쉬운, 이른바 '경취(硬脆)성 재료'를 가공하는 데 압도적 기술력을 자랑하고 있습니다. 반도체 제조용 소모 부품을 가공할 때는 직경 40cm, 두께 1cm의 원반 모양 실리콘판에 직경 0.4mm의 작은 구멍을 일정한 간격으로 1,000~3,000개 만들어야 하는데, 이렇게 대량으로 가공할 수 있는 소경공(小徑孔) 가공 기술을 보유한 회사는 전 세계에서 시바기켄이 유일합니다.

이뿐만이 아닙니다. 특수 광파이버를 만드는 데 반드시 필요한, 구멍을 깊이 뚫는 '심공(深孔) 가공'도 시바기켄의 독보적 기술입니다. 합성석영(合成石英) 등의 유리봉에 직경 3mm의 구멍을 1m 길이로 뚫을 수 있는 가공 기술도 현시점에서는 시바기켄만이 보유하고 있습니다. 바로 이런 놀라운 기술력 덕분에 일본 국내는 물론이고 전 세계에서 주문이 끊이지 않고 있습니다.

후쿠시마 회장은 시바기켄이 거둔 성공에 대해 이렇게 말합니다.

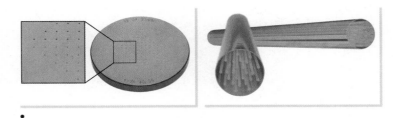

시바기켄이 보유한 '소경공 가공' 기술(왼쪽). 최소로는 0.06mm 크기의 구멍을 뚫을 수 있는 기술로, 스마트폰과 컴퓨터 부품 등에 널리 쓰인다. 시바기켄은 '심공 가공'에서도 독보적인데(오른쪽), 이는 차세대 대용량 통신용 광파이버를 만들 때 주로 사용되는 기술이다.
자료: <https://www.shibagiken.com/techno.php>.

"수영을 잘 못하는 내가 열심히 손과 발을 저어대다가 문득 고개를 들어보니 좋은 곳에 와 있었다는 것이 맞는 말일지도 모릅니다."

웬만한 기술력으로는 가공하기 힘든 경취성 재료를 선택한 것도, 가공업을 선택한 것도 어쩌면 우연일지 모릅니다. 하지만 이들을 지금의 위치에 올려놓은 것은 결코 우연이 아닙니다. 처음엔 다소 서투르더라도 포기하지 않고 기술개발의 노력을 이어나간 덕분이 아닐까 합니다. 우직하게 한길을 걸으며 쌓아가는 내공이 있어야만 위기를 기회로 바꿀 수 있다는 변치 않는 대원칙을 시바기켄이 보여주고 있습니다.

13

모두가 스페셜리스트
· · · 헤이세이건설 · · ·

기피 직종 중 하나인 '현장기술직'을 명문대 졸업생들이 동경하는 직업으로 바꿔놓은 기업이 있습니다. 헤이세이건설(平成建設)이라는 회사로, 200명 넘는 목수와 베테랑 숙련공이 근무 중인데 그중에는 도쿄대학과 와세다대학 등 일본을 대표하는 명문대학 졸업생들이 적지 않다고 합니다. 도대체 어떤 매력이 있기에 이 소규모 건설회사가 젊은 인재들을 사로잡은 것일까요? 그 비결을 확인해보겠습니다.

1980년대만 해도 일본에서 목수로 일하는 사람이 100만 명 이상 이었습니다. 그러던 것이 2020년 들어 35만 명으로 급감한 상태입 니다. 경제성장과 맞물리며 변화한 건축문화에서 그 원인을 찾아볼 수 있을 것입니다. 건물의 수명을 짧게 잡아 단기간 내에 재건축을 할 수도 있다는 전제 아래 지어지는 현대의 건축물에는 고도의 기 술을 겸비한 목수 장인은 물론, 전문가만이 보유한 특수한 솜씨를 필요로 하지 않습니다.

오늘날의 건축 공정은 합리화라는 명분 아래 세분화되었고, 이에 따 라 하나의 공정에 특화된 이른바 단능공(單能工)이 건설 현장을 채우게 되었습니다. 이러한 변화가 목수로부터 기능을 탐구하는 보람과 임금 결정권을 박탈하면서 목수 인구의 급격한 감소를 초래한 것입니다. 또 현재 일본의 목수는 대부분 50대 이상의 고령자입니다. 직능을 계 승할 인구의 감소와 전문인력 고령화라는 이중의 곤경에 처해, 일본 고유의 목조건축 분야 전통기술은 단절될 위기를 맞고 있습니다.

- - - - **진화1** 업계의 위기를 직감하다 - - - -

건설회사 영업사원이었던 아키모토 히사오(秋元久雄) 사장은 40세가 되던 1989년에 헤이세이건설을 창업했습니다. 건축업에 몸담고 있으면서 그는 업계의 고질적 문제를 발견했습니다. 당시 일본 건축업계에는 고령화로 인해 나이 많고 연차가 쌓인 기술자가 대부분이었습니다. 그런데 이들은 건축주의 생각을 반영하기보다는 원청회사 눈치를 보기 바빴고 저하된 기술로 타성에 젖어 일을 하는 경우도 많았습니다.

1980년대 후반에는 그나마도 숫자가 줄어 능력 있는 기술자를 구하기가 아예 어려운 상황이었습니다. 아키모토 사장은 이렇게 가다가는 업계 전체가 큰 타격을 입을 수 있음을 직감하고는 헤이세이건설을 설립한 것입니다. 그런 다음, 회사 내부에서 현장기술자를 육성하여 중요한 공정은 모두 내제화(內製化)하겠다는 사업계획을 세웁니다.

진화2 외주와 내제화의 차이

'내제화'란 영업은 물론이고 수주 이후에 이뤄지는 모든 제작 및 건축 과정, 즉 설계부터 디자인, 시공관리·기초공사·비계(높은 곳에서 일할 수 있도록 설치하는 임시가설물), 형틀·철근·목공·사후 관리까지 전 과정을 외주 없이 회사 내부에서 직접 실행하는 것을 말합니다. 이를 위해서는 전 분야에서 전문가를 확보해야 합니다. 헤이세이건설은

헤이세이건설은 대규모의 사내 기술자를 육성하는 일본 유일의 기업이다. 창업 당시부터 꾸준히 목조건축 관련 기술자를 양성하여 현재는 200명이 넘는 장인 집단을 구축해놓았다.
자료: <https://www.heiseikensetu.co.jp/company/social/>.

당시 비정규직이 대부분이던 기술자들을 정규직원으로 채용해 회사 내부인력으로 수용하고, 체계적인 신입사원 교육을 통해 이 문제를 해결했습니다.

직원이 입사하면 일단 현장에 보내 목재 운반부터 대패질, 미장 같은 작업을 하며 내제화 시스템을 익히게 합니다. 그런 다음에야 영업·설계·공무·시공 관리 등 직원이 희망하는 분야에서 전문성을 키울 수가 있습니다. 선배가 직속 후배를 전담해 도제식 교육을 시키는 것도 헤이세이건설만의 특화된 인재 양성 시스템입니다.

아키모토 사장은 도제 시스템을 도입한 이유에 관하여 이렇게 말합니다.

"하도급 업체에 설계나 기획, 시공을 맡기면 소통의 문제가 생기고 불필요한 인건비도 들어갑니다. 분업이 잘 정착되면 전문성이 생길 수도 있으나, 분업화가 본격화하고 반세기가 지나서 보니 일의 효율을 높이기보다는 비정규직 노동자나 파견사원 등 단순노동직만을 과도하게 양산했다는 게 내 판단이었습니다. 이런 문제를 해결하려면 과거 다이쿠(大工)가 그랬던 것처럼 설계와 시공관리가 모두 가능한 다능공(多能工)이 필요합니다."

요즘에는 유명무실해졌지만, 일본 전통건축에서 다이쿠, 즉 우두머리 목수의 역할은 매우 컸습니다. 지금이야 공기 단축과 효율화를 위해 건설 공정을 세분화해 각 분야의 업자가 담당하지만, 과거에는 다이쿠가 건축주와 현장에서 의견을 나누고 그 요청을 수용해 설계와 공정을 조율하는 것이 당연한 일이었습니다. 그래야만 고품질 주택이 나올 수 있다고 믿었기 때문입니다. 아키모토 사장은 건축업계의 지속가능한 변화를 위해서는 다시 다이쿠의 역할이 긴요하다고 생각했던 것입니다.

- - - - 　진화3 기술은 자유를 위한 무기다 　- - - -

헤이세이건설은 1998년경부터 대졸 신입 직원을 채용했습니다. 하지만 헤이세이건설이 속한 지역의 대학 졸업생마저 이 회사에 지원하지 않았습니다. 일할 젊은이를 구하기가 어렵다는 것을 실감한 아키모토 사장은 도쿄, 오사카, 나고야 등 대도시에서 기업설명회를 열어 회사를 알리는 한편, 인턴 제도를 도입해 졸업예정자를 대상으로 일주일간 직장 체험을 할 수 있게 했습니다. 지나친 분업화로 단순화되고 표준화된 일만 하는 평범한 건설회사가 아니라, 최고 기술자로 성장할 기회를 선사하는 회사라는 점을 몸소 느끼도록 해주려는 의도였습니다.

아키모토 사장은 인턴 제도 참가자들에게 이렇게 강조합니다.

"헤이세이건설은 여러분의 기량을 단련하는 장소입니다. 기술은 무기입니다. 기술을 익혀놓으면 회사에 매달리거나 필요 이상으로 의지할 필요가 없습니다. 삶이 자유로워집니다."

그러자 '돈보다 꿈이 중요하다', '무언가를 만드는 즐거움과 보람을 느끼며 일하고 싶다'라는 생각을 가진 젊은이들이 몰려들어, 이제는 헤이세이건설의 직원 약 40%가 일류대학 출신의 기술자라고 합니다. 건설 관련 자격증을 소지한 직원도 150명에 달합니다.

---- 진화4 시류에 휩쓸리지 않도록 만들다 ----

내제화에 성공한 헤이세이건설의 진가는 위기 상황에서 더 잘 발휘됩니다. 건축업은 특성상 외부의 환경 변화에 영향을 많이 받지만 헤이세이건설은 그로부터 자유롭습니다. 오랜 기간 동안 기술자들을 내제화한 덕분에 하청 없이 주요 공정을 직원들이 직접 시공

할 수 있기 때문입니다. 또한 납기를 맞추기 위해 경험이 부족한 기술자들을 서둘러 고용해 일을 시킬 필요도 없습니다. 사내에 구축된 장인 집단을 활용하여 여러 현장에 효율적으로 인원을 배치할 수 있어 공기 단축은 물론 품질 유지도 가능합니다.

헤이세이건설은 상당히 많은 기술인력을 보유하고 있지만 낭비는 발생하지 않는다고 합니다. 대규모 건설업체의 영업이익률이 평균 3%인 데 비해 헤이세이건설은 5%를 유지하는 것만 봐도 이 점을 짐작할 수 있습니다. 아키모토 사장은 "헤이세이건설의 역할은 기술자라는 직업에 대한 생각을 바꾼다기보다는 본래 모습으로 '복원'시키는 것"이라고 말합니다. 수많은 직업이 생겨나고 또 사라지는 요즘, 업의 진화는 무에서 유를 만들어내는 것이 아니라 본래의 가치를 복원하는 데서 출발하는 것이 아닐까 하는 생각을 갖게 됩니다.

물 위에 뜨는 전기차

· · · 펌 · · ·

2019년 도쿄 모터쇼에서 사람들의 눈길을 확 잡아당긴 자동차가 있습니다. 물에 뜨는 4인승 초소형 전기차 '펌 원(FOMM One)'이었습니다. 재해 시 구호장비로 활용할 수 있도록 차를 물에 띄운다는 아이디어도 참신했지만 더 놀라운 것은 따로 있었습니다. 이 전기차를 만든 곳이 창업한 지 불과 6년밖에 안 된 '펌(FOMM)'이라는 작은 회사라는 점이었습니다.

쟁쟁한 자동차 제조사들이 포진한 전기자동차 시장에서 누구도 생각해내지 못한 혁신성으로 당당히 출사표를 내민 펌은 대체 어떤 회사일까요? 젊은 회사, 펌의 진화 과정을 확인해보겠습니다.

회사명으로 쓰인 약어 FOMM은 'First One Mile Mobility'를 의미합니다. 이 회사가 개발하는 자동차는 예컨대 집에서 역까지 이동하는 것, 즉 First One Mile을 이동하기 위한 근거리용 자동차입니다.

근거리 이동 수단을 제공하는 회사이니만큼 펌은 '고객과 늘 가까운 거리를 유지하겠다'라는 사업목표를 세워놓고 있습니다. 그리고 감동과 놀라움을 선사하여 새로운 가치를 창출해나가겠다는 전략, 즉 '테크놀로지의 놀라움'을 지향합니다.

그런데 펌이 더 특별한 것은, 기존의 자동차 제조사에서는 찾아보기 어려운 사명, 즉 '빈곤 근절'을 사업하는 이유로 들고 있다는 점입니다. 구체적으로는, 초저가 판매가 가능한 소형 전기차를 만들어 개발도상국에 제공하겠다는 포부를 밝히고 있습니다. 이용자 스스로 조립해 수입을 창출하는 구조를 짜서, 개발도상국 어린이들 누구나 학교와 병원을 다닐 수 있는 사회가 되도록 하는 데 도움을 주고 싶다는 것입니다.

쓰루마키 히데오(鶴卷日出夫) 사장은 펌의 비전에 대해 이렇게 설명합니다.

"자동차는 이제 실생활에 없어서는 안 되는 존재가 되었습니다. 그러나 아직도 누구나 손쉽게 탈 수 있는 존재는 아닙니다. 우리는 전기차의 특징을 살려 근거리 이동에 최적화한 초소형 전기차를 만듭니다. 그 자동차는 엔진을 모터로 교체한 데 그친 보통의 전기차가 아니라 모두에게 새로운 가치를 제안하고 고객의 생활에 혁신을 부여하는 자동차입니다."

---- **진화1** 사장이 곧 최고 전문가 ----

2013년에 창업한 펌이 처음 시제 1호차인 '펌 원'을 완성한 것은 2014년입니다. 창업 후 불과 9개월 만에 개발을 완료한 겁니다. 이는 창업자 쓰루마키 사장의 전문성 덕분이었습니다.

스즈키자동차 출신으로 스쿠터의 엔진 설계와 모터크로스용 오토바이 차체 설계 등을 담당했던 그는 2004년 토요타로 전직해 소형 전기차 코무스(COMS)의 초기 모델 개발에 참여합니다. 이듬해 토요타가 세계박람회에 출품한 미래형 퍼스널 모빌리티 'i-unit'와 'i-real'의 차체 설계 시 리더로 활약하기도 했습니다. 또한 전기차 벤처기업 심드라이브(SIM-Drive)에서는 초소형 전기차 개발 아이디어를 제안하는 등 영업과 투자 유치 경험까지 두루 쌓았습니다.

화려한 경력과 탄탄한 기술력, 혁신적 사업가의 면모를 두루 갖춘 그의 가능성을 알아본 기업들이 앞다퉈 투자해준 덕분에 펌의 초소형 수상 전기차 개발이 속도를 낼 수 있었던 것입니다.

초소형 전기차라는 수식어에 걸맞게 펌 원은 전장 2.6m, 폭 1.3m, 높이 1.6m에다 무게는 620kg에 불과합니다. 테슬라 '모델 3'과 비교하면 절반 정도의 크기입니다. 1회 충전으로 최대 166km 주행이 가능하고, 최고속도는 시속 80km입니다.

펌 원의 강점은 뭐니 뭐니 해도 물에 뜰 수 있다는 점입니다. 홍수와 같은 긴급사태가 발생했을 때 차를 물에 띄워 운전자를 안전하

물에 뜨는 전기차로 세계적 주목을 받은 '펌 원'.
자료: <https://www.fomm.co.jp/company-1>.

게 보호한다는 목적으로 만들어진 자동차인 것입니다. 그뿐 아니라 차대(車臺)가 욕조 형태로, 물에 뜬 상태에서도 시속 3~4km로 이동하는 것이 가능합니다. 전륜구동의 폐쇄형 인휠모터(in-wheel motor)가 전방의 물을 빨아들여 후방으로 보내면서 추진력을 얻기 때문입니다.

펌 원의 차별화 전략은 또 있는데, 바로 교환식 배터리입니다. 내장된 배터리를 직접 충전하는 방식이 아니라 전용 충전소 등에서 충전된 배터리와 교환할 수 있게 했습니다. 적은 거점에서 많은 전기차에 전기를 공급할 수 있게 하려는 의도였습니다. 펌 원은 가볍고 작기 때문에 배터리도 소형으로 충분하고, 따라서 카세트 방식으로 배터리 교환이 가능합니다.

이런 특징을 살려 배터리 자동판매기를 설치할 수 있어 소형 전기차가 주차할 공간만 있다면 충전소 운용 또한 가능합니다. 배터리 교체에 걸리는 시간도 10분 정도면 충분합니다. 나아가 펌은 교환식 배터리를 관리하는 배터리 클라우드(Battery Cloud)도 만들었습니다. 그때그때 배터리 용량을 클라우드에서 실시간으로 운전자에게 알려 교환 시기를 미리 조절할 수 있게 한 겁니다.

이렇게 하면 배터리의 품질관리도 가능해집니다. 즉, 질 높은 배터리만 유통시켜 전기차의 주행 가능 거리를 어느 정도 유지하여 운전자의 불안감을 줄일 수 있는 것입니다. 배터리 클라우드를 사용하면 펌 원의 현재 상태까지 함께 파악할 수 있기 때문에 결과적

펌은 배터리 교환이 손쉽다는 점에서 높은 평가를 받아 일본 정부의 각종 지원 사업에 채택되었다.
자료: <https://www.fomm.co.jp/services>.

으로는 운행과 관련된 모든 서비스를 하나의 패키지로 제공할 수 있는 셈입니다.

　이처럼 펌은 전기자동차로의 전환이 진행 중인 자동차업계에서 '소형화'라는 차별화 전략을 선택해 쟁쟁한 대기업들 사이에서도 큰 주목을 받고 있습니다. 향후 펌은 간편한 교환식 배터리 및 교환 충전소 보급, 배터리 클라우드 실현 등 소형 전기차의 특장점을 최대한 발휘할 수 있도록 하는 전략으로 교통정체 완화, 환경오염 경감 등 사회적 과제까지 해결하겠다는 원대한 꿈을 품고 있습니다. 쟁쟁한 자동차 제조사들이 포진한 전기차 시장에서 자기만의 혁신성으로 당당히 출사표를 내민 펌의 미래에 국내외의 이목이 집중되는 이유입니다.

펌 원의 진화에 결정적 역할을 한 전략을 마지막으로 하나 더 살펴보겠습니다. 바로 일본 국내가 아닌 국외 생산을 택했다는 점입니다. 쓰루마키 사장이 시제 자동차를 처음 개발할 당시, 일본 국내에서는 규제 등의 문제로 인해 대량생산이 가능한 공장 건설이 어려웠습니다. 그래서 차선책으로 선택한 나라가 태국이었는데, 쓰루마키 사장의 설명은 이렇습니다.

"만성적인 도시지역의 교통정체와 이에 따른 환경문제, 그리고 우기에 발생하는 홍수 등 여러 난제에 대해 펌 원의 특징을 가장 잘 살릴 수 있을 곳으로 봤습니다."

당시 태국 정부의 정책 방향도 그의 결심을 굳히는 데 한몫했습니다. 2016년 태국 정부는 아세안에서 전기자동차의 허브가 되겠다고 선언하며 '태국국가에너지정책위원회(NEPC)'를 설립하고 전기차 보급을 위한 로드맵을 승인했습니다. 태국의 성장 전략인 'Thailand 4.0'에도 전기차 전환이 포함되어 있습니다.

이런 조건을 두루 살핀 쓰루마키 사장은 태국의 수상과 직접 만나 담판을 짓고 주행 허가를 취득해 2019년 3월부터 대량생산을 시작합니다. 그리고 불과 9개월 만에 1,600여 대 수주를 따냅니다. 현재는 태국 국내에서 연간 1만 대 판매를 목표로 설정해놓고 있습니다.

펌의 가시적 목표는 '초소형' 전기차이지만, 이들이 준비하는 미

래는 결코 작지 않아 보입니다. 2019년 2월, 태국의 최대 석탄업체 반푸(Banpu) 사가 펌이 발행한 신주를 2,000만 달러에 인수함으로써 21.5%를 출자한다고 발표했습니다. 후지쯔(富士通), 시코구전력(四国電力), 야마다전기(ヤマダ電機), 야스카와전기(安川電機) 등 굴지의 대기업 또한 펌에 대한 투자를 결정하여 함께하고 있습니다. 아직은 작지만 어느 곳보다 강한 이 기업이 미래의 치열한 전기차 경쟁에서 어떤 진화 과정을 밟을지 궁금해집니다.

정상의 자리를 지키는 방법

··· 아타고 ···

요즘 일본의 과일가게에서는 고객이 단맛의 정도를 취향에 따라 선택할 수 있도록 당도를 표시해놓는 가게가 늘고 있습니다. 이에 따라 당도를 측정하는 도구인 '굴절계' 수요도 증가 추세입니다. 그런데 놀랍게도 시중에서 팔리는 굴절계는 거의 한 회사 제품입니다. 굴절계로 일본 국내시장 점유율 90%를 장악한 그 회사는 바로 아타고(アタゴ)입니다.

아타고는 일본 국내시장만이 아니라 세계시장에서도 성과가 좋아 2020년 기준 154개국에 수출하고 있으며 해외의 거래 대리점이 1,200개에 달합니다. 전체 매출의 60%가 해외에서 발생한다고 하니, 일본 강소기업의 저력을 세계시장에서 유감없이 발휘하고 있는 기업인 것입니다.

진화1 맞춤형 제품

1940년 창업 이래 아타고는 굴절계 등 측정기기의 소형화와 디지털화를 선도해왔습니다. 1953년 세계 최초로 '핸드 굴절계'를 개발한 것을 시작으로, 1976년에는 세계 최초로 디지털 굴절계를, 1986년에는 세계에서 가장 작은 디지털 당도계를 시장에 선보였습니다.

아타고의 주력 상품은 포켓용 굴절계 'PAL' 시리즈로, 영어로 '짝'이라는 의미를 갖습니다. 이 시리즈의 기본 모델은 높이 10.9cm, 폭 5.5cm로 매우 작은 크기입니다. 손안에 쏙 들어가는 크기에다 사용도 간편합니다. 센서 부분에 시료를 몇 방울 떨어뜨리면 곧바로 당도 등이 디지털 화면에 표시됩니다.

이 제품은 그동안 식품업체와 일반 식당에서 일관된 맛과 품질을 유지하기 위해 주로 사용되었는데, 코로나19 팬데믹 상황을 거치며 공업용으로 그 시장이 확대되었습니다. 2020년 초 알코올 소독제를 수입한 일본의 한 업체가 농도를 허위로 표시해 문제가 되자 정확한 농도 측정을 원하는 소비자가 늘어나면서 아타고 제품에 대한 수요가 늘어난 것입니다. 이제 PAL 시리즈는 아타고 매출의 35%를 차지할 정도로 인기가 높습니다.

相棒 = PAL

徹底的に研究したものはまず人の手だった
人の手とPALの関係。適正な大きさと重さ
握りやすい形状と薄さ、人の手を研究し使い易さを追及
さあ、あなたの毎日の相棒にPALを

PRODUCT CONCEPT

아타고의 휴대용 굴절계 PAL 시리즈는 호주머니에 들어갈 정도로 크기가 매우 작고 사용이 쉽다는 장점이 있다. 최신 제품은 근거리 무선통신과 IoT 대응 또한 가능하다. 제품 개발 전에 사람의 손을 철저히 분석하여 적정한 크기와 무게를 계산해냄으로써 가장 잡기 쉬운 형태와 두께를 만들어냈다.

자료: <https://www.atago.net/japanese/new/products-pal-top.php>.

---- **진화2** 위기감으로 재약진 ----

아타고가 초소형 굴절계를 개발한 것은 사실 위기감 때문이었습니다. 디지털화로 시장을 리드하며 성장해온 아타고는 2002년 결정적 전환기를 맞게 됩니다. 경쟁사가 한발 앞서 소형 디지털 굴절계를 발매했기 때문입니다. 그동안 비교적 순탄하게 성장해왔던 아타고가 맞은 첫 번째 위기였습니다. 신속하게 대책을 마련하지 않으면 시장을 빼앗기고 회사의 운명 또한 위태로워질 수 있음을 직감한 직원들은 모두가 하나 되어 필사적으로 경쟁사 제품보다 더 작고 간편한 신제품 개발에 매진합니다.

당시 개발을 주도했던 에이기쓰 쓰토무(永吉力) 이사는 "무슨 일이 있어도 반드시 해낸다는 생각으로 사내 최고의 기술자를 모아 프로젝트 팀을 편성했다"라고 말합니다. 그러고는 프로젝트팀을 세분화해 여러 팀으로 구성하고, 제품의 크기는 물론 성능과 활용도 등 기존 굴절계의 거의 모든 부분을 개선해나갔습니다. 경쟁사에서 이미 크기로 승부를 건 이상 우위를 점하려면 좀 더 확실한 무기가 필요했기 때문입니다.

신제품 개발이 각 팀 단위로 이루어지다 보니 자연스럽게 경쟁 체제가 형성되었고 다양한 아이디어가 쏟아져 나왔습니다. 그렇게 개발을 시작한 지 7개월 만인 2003년 세계에서 가장 작고 방수 기능까지 탑재한 포켓용 굴절계 'PAL' 개발에 성공합니다.

그런데 아타고의 진화는 여기서 멈추지 않았습니다. 첫 개발에 성공한 후 거의 20년 가까이 지난 지금 아타고의 휴대용 굴절계 종류는 100여 가지가 넘습니다. 꿀 성분에서 건어물의 염분 측정까지 식품 혹은 음료의 종류만큼 측정기기가 있다고 봐도 될 정도입니다. 물론 다른 나라에도 유사한 제품을 만드는 경쟁사가 있지만 소형 굴절계 분야에서 아타고는 확실히 위력을 발휘하고 있습니다. 아메미야 히데유키(雨宮秀行) 사장은 이렇게 이야기합니다.

"한 사람의 지혜가 아니라 모든 직원의 지혜를 결집시킨 것이 주효했습니다. 직원 한 사람 한 사람이 결속해 놀라운 역사를 만든 제품입니다."

사실 아타고는 직원 입장에서 먼저 생각합니다. '회사가 나를 얼마나 소중히 하는지' 생각하며 일할 직원을 회사가 앞서서 상상하며 직원들에게 결실을 환원하는 회사를 꿈꿉니다. 그리고 이러한 정신을 계승하는 것을 지속가능성의 원천으로 삼는 기업입니다.

직원이 자부심을 느끼는 회사를 만들고 있다고 생각하는 한편, 직원들이 10년 후 자신의 미래를 기대하게끔 만들어주는 회사가 되겠다고 공언합니다. '이 회사에 들어와 나는 무엇을 하고 있는가?', '이 회사에서 일하면서 나는 이 사회에 얼마나 기여하는가?' 이런 질문을 직원들과 나누는 회사가 되고 싶어합니다.

무엇보다도, '직원'이야말로 회사가 가진 최고의 브랜드라고 생각합니다. 아타고는 임원의 평균연령이 32.9세인 젊은 회사이며, 조직의 허리가 회사를 이끌어가야 한다고 믿는 회사입니다.

- - - -   　**진화3** 스스로 개척한 해외시장   - - - -

아타고는 일본 경제산업성이 발표하는 '글로벌 니치 톱(GNT) 기업 100선'에 두 번이나 이름이 오른 바 있습니다. 이 리스트는 기업의 세계시장 점유율과 이익률, 기술의 독창성과 자립성, 서플라이 체인상의 중요성 등을 살펴 선정하지만, 그중 세계시장 점유율을 가장 비중 있게 다룹니다.

사실 해외시장을 개척하는 데 비단 기술력만 요구되는 것은 아니기 때문에 실상 일본의 대다수 중소기업들은 종합상사의 도움을 받아 해외시장을 개척합니다. 반면, 아타고는 종합상사와 거래하지 않고 스스로 글로벌 판매 네트워크를 구축한, 보기 드문 기업 중 하나입니다.

이는 아타고 특유의 고집 때문으로, 아타고는 세계 공통의 표준화된 제품을 파는 게 아니라 전 세계 각각의 고객에 알맞은 다양한 제품을 판매하고자 합니다. 예를 들어 어떤 샘플을 측정하게 될지 예측하기 어려운 지역과 나라에서 팔아야 할 제품은 산(酸)과 알칼리, 고온을 견딜 수 있는 외장재와 칠을 합니다. 또 볼펜으로 측정기의 버튼을 누르는 습관을 가진 이용자가 많은 미국 시장을 겨냥해서는 시트를 강화하는 등 섬세한 개선 작업을 추가합니다. 이렇게 각 지역에 특화된 제품을 생산, 판매하는 방식으로 해외시장을 공략하고 있습니다. 그러면서 제품의 생산은 품질 유지를 위해 일본 국내에서만 합니다. 2019년에 아타고가 해외 굴절계 시장의 약 30%를 차지할 수 있었던 것은 바로 이러한 꼼꼼함과 철두철미함 덕분입니다.

성장에 취해 안주하는 순간 위기가 옵니다. 위기감을 느끼고 있다면 이미 늦은 것인지도 모릅니다. 시장의 변화와 경쟁사의 움직임을 늘 관찰해야 하는 이유입니다. 정상의 자리를 지키는 것이 얼마나 어려운지 깨닫고 새로운 성장을 향해 나아가면서 아타코는 이제 '100년 기업'을 준비하고 있습니다. 위기가 없지 않았지만 그 순간

과거에 대한 후회가 아니라 미래를 향한 도전에 나섰기에 지금의
위치에 오를 수 있지 않았을까 생각해봅니다.

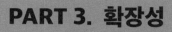

PART 3. 확장성

제품·서비스의
지속적 확장

일본의 강소기업들은 시대 흐름에 발맞추어 사업영역과 상권을 확장해나갑니다. 옛것만 무조건 고수하는 수구적 자세가 아니라 앞서가기 위해 새로운 전선을 펼치는 선진적 자세를 견지합니다. 시니세 기업을 비롯하여 일본의 강소기업들은 대체로 전통기업 이미지가 강하지만, 실은 그런 이미지와 달리 새로운 사업 도메인에 적극 진출하고 새로운 고객을 확보하기 위해 일본 국내의 다른 지역은 물론 국제무대로까지 상권을 확대하며 100년, 200년 경영을 유지해온 것입니다.

다만, 사업영역을 확장할 때 이들은 이미 보유한 기술과 축적된 경영 노하우를 십분 활용하여 신제품을 개발하는 것으로 진화의 방향을 잡아 이를 통해 경영난을 뚫고 나갈 계기를 마련했습니다. 수십 년간 만들어 제공해오던 제품과 서비스의 시장규모가 축소되거나 경쟁이 격화되는 등 사업 환경이 급변할 때 이들 기업이 고민 끝에 결정한 길은 '그동안 해오던 일을 어떻게 하면 더 잘할 수 있을까'였던 것입니다.

한편, 이들 시니세 기업들은 사업영역뿐 아니라 상권, 즉 활동무대도 확장했습니다. 일본 고유의 것을 세계에 알린다는 사명감을 가지고 사업에 임하는 기업이 강소기업 중에 적지 않습니다. 새로운 고객을 찾아 해당 지역을 벗어나 다른 지역 또는 해외로 사세를 넓혀가는 진화 과정인 것입니다. 이렇듯 본거지를 떠나 더 넓은 지역으로 나아가고자 한 이들 기업의 뿌리를 찾아 거슬러 올라가면에도 시대 이전부터 일본 전역에서 활동하던 오미(近江) 상인을 만나게 됩니다.

교토 동쪽에 위치한 일본 최대 규모의 호수인 비와코(琵琶湖) 호수를 둘러싼 지역을 오미라고 불렀습니다. 이 지역은 천 년 동안 일본의 수도였던 교토로 통하는 수상교통의 요지였고 오미라는 명칭 자체도 '교토와 가장 근접한 호수'를 뜻하는 옛말 '지카쓰 아하우미(近つ淡海)'에서 온 것이라고 합니다. 지금의 시가(滋賀)현에 해당하는 오미국(近江國) 출신의 상인을 일컫는 말이 바로 오미 상인이며, 이는 오사카(大阪) 상인, 이세(伊勢) 상인과 함께 일본의 3대 상인입니다.

오미 상인은 일본 열도의 북쪽 홋카이도와 남쪽으로 규슈 지역까지 오가며 행상을 했습니다. 더 나아가 중국과 동남아시아 지역으로도 활동무대를 넓혔습니다. 그리하여 결국 오미 상인은 오미 지역에서 장사하는 상인이 아니라 오미 지역 바깥에서 활동하는 오미 출신 상인을 일컫는 말이 되었습니다. 한마디로 오미 상인은 '오미'라는 본거지를 넘어선 상인들이었습니다.

오미 상인의 경영에는 어떤 뿌리가 있었을까요? 전국 각지를 오가며 그 지역 특산물을 가져다 다른 지역에 파는 상술이 바로 그들의 뿌리입니다. 오미 지역에서 만든 완성품을 지방으로 가져가서 팔고 돌아올 때는 그 지방의 특산물을 가져다 오미 지역은 물론 오사카와 교토 지역에 팔았습니다. 하지만 이들은 최종소비자를 상대로 하는 소매가 아니라 지방 상인을 상대로 한 도매를 주로 했습니다. 올 때와 갈 때 두 번 효율 높은 장사를 한다는 뜻에서 이들의 장사는 '톱니형' 장사라고 불렸습니다.

오미 상인이 운영하는 기업의 조직원리를 대표하는 경영이념으로 '산포요시(三方よし)'라는 것이 있습니다. 산포요시는 파는 쪽, 사는 쪽 모두가 득이 되어야 함은 물론 세상에도 이로운 장사여야 한다는 의미를 지닌 말입니다. 즉, 팔고 사는 측의 이해득실만 따지는 것이 아니라 지역사회를 위해 장사꾼이 무엇을 해야 할지를 오미 상인들은 고민했던 것입니다. 바꿔 말하면, 이익의 사회환원을 중요시했다는 뜻도 됩니다.

산포요시는 장사하는 사람의 마음가짐이 어떠해야 하는지 전하는 지침으로서 현대 일본 기업에도 고스란히 전해지며 기업하는 사람들의 밑바탕이 되어주고 있습니다. 어느 한쪽이 승자가 되는 것이 아니라 윈윈(win-win)하는 관계 구축이 비즈니스의 기본이며,

한발 더 나아가 세상에 이로움을 줄 때 비즈니스가 비로소 완성된다는 것입니다. 기업의 제품 및 서비스 제공이 어떤 형태로든 더 나은 사회를 만드는 데 기여해야 한다고 믿었던 것입니다.

오미 상인은 본거지를 떠나 장사했기 때문에 당시 에도막부를 중심으로 한 중앙집권적 정치 지배에서 벗어난 자유로운 상인이었습니다. 그렇지만 그 때문에 항상 다른 지역에서 추방될 위험에 노출된 상태에서 장사를 할 수밖에 없었습니다. 그렇듯 엄중한 경영환경에서 장사를 해야 했기에 '지역사회에 기여하는 한 비즈니스가 존속될 수 있을 것'이라는 믿음 또한 생겨났던 것이 아닌가 싶습니다.

장사를 하는 쪽이 일정한 이익을 챙겨야 하는 건 사업의 존속을 위해 불가피한 일입니다. 그리고 장사의 대상이 되는 소비자가 납득하지 않으면 지속적 상거래를 기대하기 어렵습니다. 더불어 사회로부터 인정받고 좋은 평가를 받을 수 있는 사업이나 업태가 아니면 그 기업은 존속이 힘들 것입니다. 오미 상인은 이 3가지를 모두 만족시키며 다양한 방법으로 음덕(陰德)을 쌓았습니다.

우선 오미 상인은 상대에 대한 성실응대와 감사의 마음으로 신용을 쌓았습니다. '진심을 담은 봉사'란 고객이 기뻐하는 장사를 하고 품질제일주의를 지키는 일이라 믿었습니다. 둘째로 오미 상인은 그러한 정신에 입각하여 에누리 없는 정가판매를 실시하는 등 투명한 경영을 유지했습니다. 셋째로 오미 상인은 자율성을 중요시했습니다. 대량거래를 하는 특정 고객 의존도를 높이지 않는 한편, 거래처를 엄선하여 착실하게 관계를 키워나갔습니다. 한 번의 거래로 거액을 벌어들이는 것을 철저하게 배척하면서, 경비 절감 등의 방법으로 낭비를 줄이는 장기적 관점의 이익추구 경영을 실천했습니다. 외부의 눈치를 보기보다는 스스로 세운 원칙에 따라 규제했던 것입니다.

이익보다는 영속을 목표로 했던 오미 상인의 기업경영 원리가 현대 일본 강소기업에 남긴 영향은 실로 광범위하고도 깊습니다. 물론 오미 상인이 걸어간 길에는 풀도 자라지 않는다는 말도 전해집니다만, 상인이라면 반드시 갖추어야 할 기업가정신과 실천의 자세는 분명 오늘날의 기업에도 큰 가르침을 주리라 생각합니다.

16

홍차의 힘

· · · 와이즈 티 네트워크 · · ·

〰〰〰〰〰〰〰〰〰〰〰

1980년대 후반부터 일본은 이른바 '셔터거리'가 늘어났습니다. 셔터거리란 인구가 줄고 도시 기능이 쇠퇴하면서 셔터를 내린 가게가 많은 상점가를 가리키는 말입니다. 도치기(栃木)현 우쓰노미야(宇都宮)시 중심에 위치한 오리온거리의 상점가도 셔터거리로 불렸습니다. 그런데 한 회사가 들어오면서 이 거리의 상황이 180도 바뀝니다.

홍차를 만들어 판매하는 와이즈 티 네트워크(Y's tea Network)가 이 거리에 자리를 잡으면서 소비자에게 이전에 경험하지 못한 새로운 서비스를 선사한 것입니다. 남다른 비즈니스 모델을 내세워 지역 재생에 성공한 와이즈 티 네트워크는 문 닫는 가게가 즐비하던

16 홍차의 힘 | 와이즈 티 네트워크 ¨137

셔터거리에 따뜻한 바람을 불어넣은 기업으로서 모범적 사례로 회자됩니다. 이들의 이야기 속에 죽어가는 상권을 되살릴 묘수, 그리고 미래의 지역발전 모형이 숨어 있습니다.

진화1 남다른 비전

2006년 쇠퇴해가던 상점가에 '홍차'라는 이색 아이템을 가지고 가게를 연 사람이 있습니다. 우쓰노미야 출신의 네모토 야스마사(根本泰昌)입니다. 대형 제약회사에 다녔던 그는 20대에 이미, 일본 사람들이 이름만 대면 다 아는 영양보조 식품의 브랜드 매니저로 발탁되었을 정도로 능력을 인정받은 인물이었습니다.

제약회사에서 일하며 그는 일본의 의료는 세계 최고 수준인데 왜 이렇게 많은 사람이 마음의 병을 안고 사는가 생각하게 되었습니다. 그리고 고향 우쓰노미야에 올 때마다 쇠퇴해가는 상점가를 보며 안타까움을 느꼈습니다. 그 현실이 정치나 돈으로는 해결할 수 없는 지방도시의 병이라는 것, 그대로 방치하면 일본의 지방도시는 한 곳도 살아남지 못하리라는 위기감이 생겼습니다. 그래서 이 문제를 해결해보겠다는 생각으로 우쓰노미야의 쓰러져가는 상점가에 와이즈 티 네트워크를 창업했습니다.

그렇다면 왜 하필 홍차를 택했던 걸까요? 네모토 사장은 홍차 비즈니스를 해본 적도 없는데 말입니다. 실제로 창업 초기 지역주민들의 반응도 싸늘했습니다. 쇠퇴해가던 상점가를 되살려보겠다는 포부를 품었건만 지역주민들에게 평소 홍차를 즐기는 습관이 있던 것도 아니고 쓰러져가는 상점가에 왜 홍차전문점이 들어서는지 아무도 이해해주지 않았던 겁니다.

---- **진화2** 최고급으로 승부 ----

사실 네모토 사장이 홍차전문점을 열기까지는 남다른 결의가 작용했습니다. 창업을 결심한 뒤 어떤 장사를 할지 고민하던 그는 무려 5,000개의 키워드를 조사했습니다. 그리고 고심 끝에 '홍차'라는 아이템을 골라냈습니다. 우쓰노미야는 상공업이 비교적 발전한 지역으로 다른 도시에 비해 소득수준 또한 높아 오리지널 브랜드로 질 높은 홍차를 공급하면 지역주민이 즐겨 찾으리라는 판단이 있었습니다. 또한 다른 지역 사람들도 불러들일 수 있다고 봤습니다.

이러한 생각에 따라 네모토 사장은 와이즈 티 네트워크만이 제공할 수 있는 고유하고 독창적인 홍차를 만들어 그것을 우쓰노미야의 대표 브랜드로 성장시켜보기로 했습니다. 누구나 제조할 수 있는 B급 상품이 아니라 A급 중에서도 탁월한 S급으로 승부를 보겠다는 목표를 세운 겁니다. 그는 원재료 조달부터 상품의 개발 및 판매 과정까지를 보통의 찻집과는 전혀 다른 시스템으로 구축했습니다. 자신이 직접 인도의 농장을 찾아가 홍차 잎을 선정하여 조달하는 방식을 택한 겁니다.

사실 일본은 도소매 유통과 제조업이 이미 고도화되어 있는 선진국이라 필요한 원재료를 업자에게 의뢰하는 것이 비용이나 효율 면에서 더 유리합니다. 그럼에도 네모토 사장은 최고급 홍차를 만들기 위해선 원재료를 찾는 작업부터 자신이 직접 해야 한다고 생각한 겁니다. 그뿐 아니라 홍차에 관한 전문지식과 기술을 갖추기 위해 '시니어 티 코디네이터' 자격증을 취득했습니다. 홍차 제조를 하는 마이스터를 따로 고용하고 자신은 경영만 하는 방식이 아닌, 자신이 직접 제조도 하고 경영도 해내겠다는 의지의 표명이었습니다.

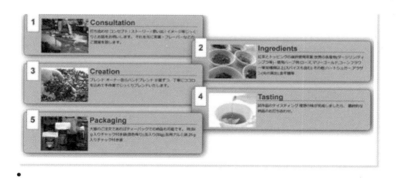

'나만의 홍차 만들기' 프로그램은 고객 컨설팅부터 마지막 포장 판매까지 총 다섯 단계로 진행된다.
자료: <https://www.y-tea.com/partners.html#obt>.

최고의 홍차를 만들겠다는 네모토 사장의 이런 남다른 각오는 '맞춤형 주문 판매'로 이어졌습니다. 홍차는 갖가지 찻잎을 어떻게 혼합하는가에 따라 맛과 향이 다르기에 각자의 취향에 맞게 만들어 즐기도록 한 것입니다. 그리하여 전 세계에 단 하나뿐인 맛이 구현됩니다. 와이즈 티 네트워크에서는 고객이 직접 '나만의 차'를 만들어볼 수 있도록 '맞춤형 주문 판매' 프로그램을 구상하여, 고객 자신이 생각하는 맛과 콘셉트에 맞춰, 여러 가지 찻잎을 섞어 홍차 시제품을 만들어 마셔본 뒤 마음에 들면 그 차를 구매할 수 있게 했습니다.

---- **진화3** 7가지 고집이 만들어낸 차별화된 제품 ----

와이즈 티 네트워크는 자신들만의 차별화된 제품을 만들고 지켜나가기 위해 '고객과의 약속 7가지'를 확립해놓고 있습니다.

첫째는 핸드 블렌딩으로 세계에 단 하나뿐인 홍차를 만들겠다는 것입니다. 둘째는 홍차와 그 블렌딩 재료를 공급해주는 생산자와 깊은 유대감을 갖고 제품을 만들겠다는 것인데, 직접 차밭에 가서 딴 찻잎으로 홍차를 만들어 가장 안전하고 안심할 수 있는 제품을 제공하는 방식입니다. 셋째는 홍차에 블렌딩하는 허브 또한 모두 엄선한 와일드허브를 사용하여 허브 또한 자체의 색채와 홍차 찻잎의 아름다움과 풍미를 잃지 않도록 제품에 반영하겠다는 것입니다.

넷째는 세계에서 유일한 주문 제작 방식의 '오리지널' 홍차를 핸드 블렌딩으로 제공한다는 것이며, 다섯째는 아름다움뿐만 아니라 놀라움과 감동을 주는 홍차 제공을 목표로 한다는 것입니다. 홍차의 새로운 가능성을 고객에게 전달하겠다는 의도가 담겨 있는 것으로 보입니다. 여섯째는 세계 모든 사람에게 자신들이 만든 홍차로 '미소 짓게' 하겠다는 것이며, 마지막 일곱째는 홍차를 내리고 마시는 독자적 방법을 제안하고 홍차를 통한 테라피 활동을 하는 등 '오감으로 즐기는 프리미엄 홍차'를 퍼뜨리겠다는 것입니다.

---- **진화4** 지역을 살리자는 마음 ----

'오감으로 즐기는 프리미엄 홍차'를 표방하는 와이즈 티 네트워크는 앞서도 언급했듯이 찻잎은 물론 블렌딩에 사용하는 허브 역시 원산지에서 직접 공수해 옵니다. 또한 모든 홍차는 찻잎 선별부터 가공까지 핸드메이드로 생산하고 있습니다. 여기에 각 찻잎 종류에 맞는 추출법과 마시는 방법까지 제안함으로써 지역주민은 물론 홍차 애호가들 사이에서도 '최상의 홍차를 마실 수 있는 브랜드'라는 호평을 얻고 있습니다.

그 결과 우쓰노미야시는 홍차 소비량이 전국 1위인 도시가 되었고, 와이즈 티 네트워크가 창업 이후 정기적으로 열고 있는 '홍차교

홍차를 좋아하는 사람들을 대상으로 열리는 '홍차교실' 프로그램. 홍차 관련 지식과 홍차를 즐기는 방법 등을 학습하는 주니어 코스를 끝내면 실습 중심의 시니어 코스에 들어갈 수 있도록 구성되어 있다.

자료: <https://www.y-tea.com/?utm_source=onlineshop>.

실'은 언제나 지역주민 수강자로 가득하다고 합니다. 최근에는 지역 초등학교 내에도 '홍차부'가 만들어져 방과 후 홍차 공부를 하는 아이들이 많아졌다고 합니다.

한편, 와이즈 티 네트워크의 농업 분야와의 협업을 통한 부가가치 극대화도 세간의 주목을 받고 있습니다. 도치기현의 특산품인 딸기와 배를 홍차 만드는 데 적용할 수 있도록 한 것을 계기로 전국 각지로부터 공동개발 제안이 쏟아져 들어온다고 합니다. 2010년대 후반부터는 수요 감소로 경작이 어려워진 차밭을 복원하는 사업도 펼치고 있습니다.

네모토 사장의 와이즈 티 네트워크 창업은 아마도 전례를 찾아보기 어려운 무모한 도전이었을지 모릅니다. 그렇지만 결국 그는 사회의 미세한 변화를 포착하는 예리한 눈, 시장을 정확하게 읽는 능력, 상품 개발 노하우 등 이전 직장에서 축적한 능력을 100% 발휘해 모두에게 이익이 되는 독특한 비즈니스 모델을 만들어냈습니다. 네모토 사장은 언제나 이렇게 강조합니다.

　"사회문제 해결에 어떤 형태로든 기여할 수 없다면 우리 회사의 존재가치는 없다."

　기업의 존재가치를 되새겨보게 하는 촌철살인이 아닐 수 없습니다.

17

캔 속으로 들어간 빵

· · · 빵 아키모토 · · ·

만약 3년 보존이 가능한 빵이 있다면 어떨까요? 그 맛도 궁금하지만 과연 살 사람이 있을까 싶기도 합니다. 그런데 1996년 이런 빵을 시장에 내놓은 회사가 있습니다. 바로 '빵 아키모토(パン・アキモト)'입니다. 이 회사는 빵을 캔에 넣어 판다는 놀라운 발상, 즉 '빵 통조림'을 만들어 팔기 시작하였고 현재는 해외에도 진출해 있습니다. 또한 재난 지역에 빵통조림을 무료로 공급하는 등 기부 활동을 활발히 하는 기업으로도 잘 알려져 있습니다.

빵 아키모토의 홈페이지에 들어가면 회사 소개말 중에 '빵의 저력 프로젝트'라는 부분이 있습니다. '빵이 지닌 무한한 힘으로 사회에 꿈과 미소를 전달'한다는 취지로 시작한 프로젝트라는 것입니다. 이 프로젝트에서 핵심적인 내용을 소개하면 이렇습니다.

첫째는 비축식량용으로 빵을 캔에 넣어 재난 지역에서도 부드럽고 따뜻한 빵을 먹을 수 있도록 한다는 내용의 '빵통조림(PANCAN)' 프로젝트 활동입니다. 둘째는 뒤에서 보다 구체적으로 언급하겠지만 '빵통조림으로 사람을 구한다'라는 의미를 담은 빵통조림 '구관조(救缶鳥)' 프로젝트입니다. 빵통조림을 비축한 사람들이 자발적으로 기아 지역 사람들을 돕는 것으로, 소비자가 구입해놓았던 구관조라는 명칭의 빵통조림을 유통기한 1년을 앞두고 다시 회수해 기아 지역에 기부하는 활동입니다. 셋째는 NGO 법인 '위캔(We Can)'을 세워 일본 전국 각지에 빵통조림을 미리 비축해놓고 갑작스레 재해가 발생할 경우 해당 지역에 전달하는 활동입니다.

1947년 개업한 이후 내내 평범한 빵집이었던 '아키모토 베이커리'

가 '빵 아키모토'로 달라진 것은 1995년 한신·아와지 대지진 때문입니다. 일본 효고현의 고베시와 한신 지역에서 발생한 규모 7.2의 강진은 6,300여 명의 목숨을 앗아갔으며 1,400억 달러 규모의 재산 피해를 냈습니다. 이재민의 규모만 해도 20만 명에 달했습니다. 이 소식을 들은 빵 아키모토의 2대 사장 아키모토 요시히코(秋元義彦)는 이재민들을 위해 2,000개의 빵을 만들어 고베의 한 교회로 보냈습니다. 하지만 지진으로 도로와 다리가 붕괴된 탓에 전달이 지연되면서 30%가량이 폐기되고 맙니다.

"너무나도 가슴 아픈 일이었습니다. 재해 지역 사람들로부터 보존이 가능한 맛있는 빵이 있으면 좋겠다는 의견을 많이 들었는데, 이것이 곧 제빵사로서 내게 주어진 사명이라는 생각이 들었습니다."

그리하여 아키모토 사장은 오래도록 보존이 가능한 빵 개발에 착수합니다.

- - - - 진화1 빵통조림의 탄생 - - - -

오래 보존이 가능한 빵을 개발하는 과정은 결코 순탄치 않았습니다. 처음에는 비닐봉지로 진공 포장하는 아이디어가 떠올랐지만, 진공포장을 하는 순간 빵이 찌부러지고 봉지를 다시 열었을 때 원래 모양으로 돌아가지 않는 문제가 있었습니다. 냉동보존도 시도해 봤지만 해동하면 모양과 식감이 달라져 역시 실패였습니다. 말랑말 랑한 식감에 촉촉함이 더해진 빵의 풍미를 그대로 느낄 수 있는 보 존 음식으로 만들고 싶다는 아키모토 사장의 바람은 아무래도 무리 인 듯 보였습니다.

그러던 어느 날, 부근의 통조림 공장을 지나다가 아이디어가 떠올 랐습니다. 빵을 통조림에 넣어보자는 생각이었습니다. 하지만 빵통 조림을 실제로 만드는 게 말처럼 쉽지만은 않았습니다. 발효시킨 빵 반죽을 캔에 넣어 구워봤지만 캔 안쪽에 결로 현상이 나타나 빵이 캔에 달라붙었고, 발생하는 수분을 없애고자 베이킹시트와 일본 전 통종이도 깔아봤지만 허사였습니다. 관건은 내화성과 흡습력을 모 두 갖춘 종이를 찾아내는 것이었습니다. 수소문 끝에 유럽에서 알맞

37개월 장기 보존 이후에도 말랑한 식감의 빵을 즐길 수 있도 록 개발된 빵 아키모토의 '빵통조림'. 자료: <http://www.panakimoto.com/>.

은 종이를 공수할 수 있었고, 마침내 빵통조림 개발에 성공합니다. 개발을 시작한 지 1년이 지난 시점이었습니다.

빵 아키모토의 빵통조림 원리는 사실 간단합니다. 캔 안에 특수종이를 깔고 발효시킨 반죽을 넣고 그대로 굽는 방식으로, 구워진 빵을 식힌 다음 탈산소제를 넣고 뚜껑을 덮어 내부를 무산소 상태로 만들면 최장 37개월까지 보존이 가능합니다. 빵 아키모토의 빵통조림은 오렌지, 딸기, 블루베리 등 3가지 맛이 있습니다, 모두 막 구운 빵과 같이 맛있고 부드러운 식감을 유지합니다. 유통기한이 13개월로 짧은 제품 중에는 초코크림과 메이플, 꿀레몬 맛도 있습니다.

빵통조림이 처음 개발되고 25년여가 지난 지금, 일부 유사품이 유통되고 있기는 하지만, 빵통조림의 원조로서 빵 아키모토의 매출은 꾸준히 증가하고 있습니다. 전체 매출의 60%를 빵통조림이 차지합니다. 2009년에는 일본 우주비행사 와카타 고이치(若田光一)가 국제우주정거장 장기 체류를 위해 빵통조림을 챙겨 가서 세계적으로 유명세를 타기도 했습니다. 이때 빵통조림이 우주비행사들에게 호평을 받으면서 '스페이스 브레드'라는 별칭까지 얻었습니다.

진화2 희망을 전하는 빵

빵통조림의 활약이 가장 돋보일 때는 뭐니 뭐니 해도 구호식품으로 사용될 때입니다. 아키모토 사장은 대규모 재해 지역에 직접 찾아가 빵통조림을 무상 공급하는 일을 이어가고 있습니다. 2011년 태국과 2013년 필리핀에서 발생한 집중호우와 침수 피해 지역, 2014년 일본 히로시마의 폭우 및 산사태 피해 지역, 2015년 네팔 대지진 지역과 바누아투공화국의 사이클론 피해 지역, 2016년 일본 구마모토 대지진 재해 지역, 아이티공화국의 허리케인 재해 지역 등 전 세계 재해 지역을 돌며 사람들을 돕고 있습니다.

아키모토 사장은 재해 지역에 구호물자를 신속히 전달하기 위해 재해지원기구 위캔(We Can)을 만들어 운영 중입니다. 재해가 발생한 다음에야 국내외로부터 물자 전달이 이루어지기 시작합니다. 구호물자가 도착하기까지 적잖은 시간이 소요되는 것입니다. 만약 재해가 발생했을 때 필요한 물자를 전국 각지의 지정된 창고에 일상적으로 비축해두고 관리한다면 유사시 긴급히 물자를 구하고자 곤란을 겪지 않아도 되고 시간도 절약할 수 있을 것입니다. 빵 아키모토는 바로 이러한 시스템을 위캔을 통해 구축하고자 했습니다.

2011년 동일본대지진 당시, 빵 아키모토 공장도 일부 기계가 파손되는 등 조업에 지장이 발생했습니다. 그럼에도 아키모토 사장은 빵통조림 재고 물량 5,000개를 들고 재해 지역으로 달려가 무상으로 나눠주었습니다. 그 후에도 거래처에 요청해 빵통조림 7,000개를 기부받아 재해 지역에 전달했다고 합니다. 그 역시 지진 피해로 매출이 평소의 절반으로 감소해 경영이 어려웠는데도 말입니다. 아

빵 아키모토의 '구관조 프로젝트'는 소비자가 사서 비축해놓았던 구관조 빵통조림을 유통기한이 1년 남았을 때 다시 회수해 재해·기아 지역에 기부하는 활동이다.
자료: <http://www.panakimoto.com/products_kyucancho/index.html>.

키모토 사장의 이런 노력에 대해 전해 들은 다른 기업들과 사람들이 빵통조림을 구입해 재해 지역에 보내는 캠페인을 시작하면서 빵 아키모토는 차츰 경영위기에서 벗어날 수 있었다고 합니다.

- - - -   진화3 사회공헌의 새로운 장을 열다   - - - -

빵통조림은 새로운 사회공헌 방법으로도 주목을 받고 있습니다. 앞서 간단히 언급한, 바로 그 '구관조 프로젝트' 덕분입니다. 이 프로젝트는 3년 보존이 가능한 '구관조' 빵통조림을 구매한 고객들로부터 유통기한 1년 전, 그러니까 구입 후 2년이 경과된 시점에 빵통조림을 회수해 무상으로 국내외의 재해 지역민이나 어려운 처지의 사람들에게 제공하는 것입니다. 캔 라벨에 격려와 응원의 말을 적어 빵과 함께 전할 수 있습니다.

이미 일본의 많은 기업과 지자체, 학교 등이 구관조 프로젝트에 참여하여 300여 개 단체가 비축한 약 30만 개의 캔이 '구관조'로 제공되고 있습니다. 빵 아키모토는 그동안의 사회공헌 활동을 인정받아 2012년에는 기업 자선활동 대상 특별상, 2014년에는 '일본에서 가장 소중히 여기고 싶은 회사' 대상을 수상했습니다.

빵 아키모토의 혁신과 진화는 새로운 상품을 개발해야 할 이유가 분명했기에 가능한 것이었습니다. 이렇듯 목적이 명확한 기업은 생명력이 깁니다. 세계 최초의 빵통조림을 개발해 세상에 희망을 전하고 있는 기업, 빵 아키모토의 이야기가 기업의 존재 이유를 깊이 되새겨보게 합니다.

미래형 중소기업
··· 하마노제작소 ···

일본은 2000년대 이후 중소 영세기업이 많이 줄어들어 약 45%가 감소했습니다. 국내 산업의 공동화와 함께 후계자 부족과 적자경영으로 동네의 소규모 공장들 절반 이상이 폐업 위기에 봉착해 있고, 75%는 적자경영을 하고 있는 상황입니다.

이런 열악한 상황에서 소규모 공장 나름의 장점을 되살려 경쟁력을 끌어올림으로써 괄목할 만한 성과를 낸 중소기업이 있습니다. 2020년 8월 일본 중소기업청으로부터 '중소기업응원사(應援士)'로 위촉되며 미래형 '중소기업상(像)'을 만들어가고 있다는 평가를 받는 강소기업, 하마노제작소(浜野製作所)입니다.

하마노제작소는 정밀 판금, 레이저 가공, 금속프레스 가공, 금형 제작 등에서 높은 기술력을 보유하여 양산 가공은 물론 시제품 생산도 가능합니다. 의료기기, 반도체, 각종 제조 장치, 정보통신기기, 식품가공 장치 부품 등을 납품하며 여러 업계에서 좋은 평가를 받고 있습니다. 시제품 분야에서는 일부 대기업의 설계부서와 함께 일하는 관계를 구축하고 있습니다.

사실 하마노제작소는 단순한 하청 가공업체가 아닙니다. 일찍이 2005년부터 자체적 생산관리 시스템을 구축하여 수주에서 납품까지 실시간으로 진척 상황을 관리합니다. 바코드가 붙은 명찰을 단 각 공정 담당자가 지시서를 수령할 때와 작업이 끝났을 때 바코드로 확인하는 방식입니다. 하마노제작소는 생산관리에만 능한 것이 아닙니다. 하마노제작소 영업의 기본은 발 빠르게 고객사의 수주 정보를 입수하여 고객사의 개발 설계 부문에 합류하는 것입니다. 즉, 부품 공정의 발주 이전부터 제작에 관여하고자 노력하고 있습니다. 그 결과, '최단 3일'이라는 단기 납품을 실현할 수 있었고 고객사가 의지하는 존재가 될 수 있었습니다.

하마노제작소가 하루아침에 현재의 위치에 올라선 것은 아닙니다. 현재 수장인 하마노 게이이치(浜野慶一) 사장이 가업을 승계한 1993년만 해도 숙련기술자 2명에 거래처는 4곳, 연매출 3,000만 엔에 불과한 영세기업이었습니다. 생존을 위해 전용 공장 설립까지 추진하며 시제품 제작 비즈니스에 뛰어들었지만 준공을 3개월 앞두고 화재가 발생해 자택 겸 공장이 전소하는 불운을 맞습니다. 불타버린 공장에 남은 것이라고는 새까맣게 그을린 금형뿐이었습니다. 당시 상황에 대해 하마노 사장은 이렇게 말합니다.

"도산을 각오한 밤, 공장에 가니 직원 한 명이 그을린 금형을 닦고 있었습니다. '이제 그만하자. 너도 다른 회사에 소개해줄 테니까'라고 말하자 그 직원은 '저는 사장님과 일하고 싶습니다. 아직 우리 회사는 끝나지 않았습니다. 저는 그만둘 생각이 없습니다'라고 말하더군요."

직원의 진심 어린 한마디에 하마노 사장은 재기의 의지를 불태울 수 있었다고 합니다. 저금리의 지방자치단체 융자를 받아 새로운 설비를 도입하고 작업 수주에 나섰습니다.

3개월 뒤 시제품 제작 공장이 완성되었고 통상 일주일이 걸리는 일을 3일 만에 완성해내는 단기 납품을 무기로 사세를 확장해나갔습니다. 거래처가 기존의 4개사에서 1,500개사로 늘어났고, 지금은 일본 내에서 명문대학으로 손꼽히는 와세다대학과 히토쓰바시대학 졸업생이 입사하는, 지역의 주목받는 기업으로 탈바꿈했습니다.

---- **진화3** 흔하지 않은 행동지침 ----

하마노제작소에는 '행동지침'이라는 것이 있습니다. 이 지침을 들여다보면 확실히 뭔가 다른 기업이구나 하는 마음이 듭니다. 하마노제작소는 우선, 모든 구성원에게 '빠를 것'을 주문합니다. 무슨 일이든 '나중에 해야지', '시간이 나면 해야지' 하며 미뤄선 안 된다는 것입니다. 좋다고 생각한 것, 지시받은 것은 즉시 실행에 옮겨야 합니다.

아무리 좋은 생각이 있더라도 행동으로 옮기지 않으면 하지 않은 것과 같습니다. 따라서 하마노제작소에서는 실패하더라도 해볼 것을 주문합니다. 가장 나쁜 것은 논의만 하는 것, 그래서 마치 '하고 있는 것 같은 기분'이 드는 것이라고 이 행동지침은 강조합니다. 이래서는 아무것도 바뀌지 않고 아무것도 새롭게 탄생하지 않는다는 겁니다.

그리고 스스로 생각하며 과연 '이게 최선일까?' 하는 질문을 반복해야 하고 그럼으로써 그 생각이 습관이 되어야 한다고 말합니다. 또 협력이란 자신이 아니라 상대의 입장에서 이루어져야 한다고 강조하고 있습니다. 무엇보다도, 이 지침들은 일시적인 것이 아니라 계속 지켜져야 하는 것입니다. 그래야 비로소 성과로 이어진다고 이야기합니다.

진화4 중소기업을 키우는 중소기업

도쿄도 스미다구에 소재한 하마노제작소는 지역 내 중소기업 활성화 활동을 다양하게 펼치고 있습니다. 2009년에는 와세다대학, 스미다구와 연계하여 스미다구 중소기업의 역량을 결집시킨 전기자동차 '호쿠사이(HOKUSAI)'를 개발했습니다. 2012년에는 알루미늄으로 차체를 만든 3호차를 완성시켜, 8시간 충전으로 연속 항속거리 35km, 최고 시속 50km를 달성하기도 했습니다.

2013년에는 세계 최초로 7,800m 심해에서 생물을 촬영하는 데 성공해 국내외에서 크게 주목받은 심해탐사정 '에도코(江戸っ子) 1호' 프로젝트에도 참가했습니다. 2009년부터 시작한 이 프로젝트는 스미다구 소재의 중소기업 4개사가 대학과 연구기관, 금융기관 등의 지원을 받아 추진한 것이며, 탐사정 제작 비용을 줄이고자 시판 중인 카메라와 전구를 구입해 썼습니다. 결국 이들은 반복적으로 심해 촬영이 가능한 획기적인 탐사정을 완성해냈고, 2015년 프로젝트를 지원해준 해양연구개발기구에 이 심해탐사정을 납품했습니다.

심해탐사정 '에도코 1호' 프로젝트는 불안정한 환경에 놓인 중소기업의 '하청 체질 탈피'와 '동네 공장에 잠들어 있는 기술 계승'이라는 목표로 시작되었다.

자료: <https://hamano-products.co.jp/hamanoproject/edokko1/>.

이 외에도 하마노제작소는 지역 어린이들이 하마노제작소의 공장에서 베테랑 기술자들을 직접 만나고 그들이 선보이는 기술을 체험할 수 있는 '아웃 오브 키자니아(Out of KidZania)', 공장의 제조 과정에서 발생하는 폐자재를 사용해 만화경 등의 신제품을 만드는 '배재(配財) 프로젝트'를 지역의 2세 경영인들과 함께 결성하고 진행했습니다.

2014년에는 스타트업 벤처 인큐베이션을 목적으로 '개러지 스미다(garage sumida)'를 설립했으며, 개발 및 설계에서 시제품 제작까지 하마노제작소가 지원하고 있습니다. 하마노제작소가 이렇듯 다양한 프로젝트에 힘을 쏟는 것은 지역산업의 쇠퇴를 막아보겠다는 의지 때문입니다.

하마노 사장은 위기를 딛고 일어섰던 자신의 경험을 또 다른 중소기업을 살리는 원동력으로 삼고 있습니다. 그는 이렇게 강조합니다.

"스미다구에는 전성기 때 9,700~9,800개 공장이 있었는데, 지금은 2,800~2,900개에 불과합니다. 이대로라면 스미다의 제조업과 기술은 사라질 것입니다. 어떻게든 이 터널을 잘 빠져나가 후세에 남기고 싶다는 생각이 간절합니다."

없어지면 안 되는 기술

· · · 엠다이아 · · ·

환경을 해치는 일은 이제 그만 멈춰야 할 때가 왔다는 생각이 드는 요즘입니다. 실제로 '환경문제'가 기업경영에도 중요한 이슈로 자리 잡고 있습니다. 하지만 환경문제를 해결한다는 게 결코 간단한 일은 아닙니다. 그중 한 방법인 폐기물 재활용만 해도 복잡한 기술이 요구되는 한편, 많은 시간이 소요됩니다.

여기 금속, 고무, 수지 등이 뒤섞인 폐기물을 독자적 기술로 파쇄해 소재별로 분류해주는 획기적인 처리 장치를 개발한 기업이 있습니다. 직원이 불과 8명뿐인 소규모 업체이지만 기술력만큼은 대규모 기업에 견주어도 절대로 지지 않는 회사, 엠다이아(エムダイヤ)입니다.

엠다이아는 무엇보다 고객의 입장을 우선시하며, '고객의 요구에 노(NO)라고 하지 않을 기술력'이 있다고 자부합니다. 그 기술력을 바탕으로 신속한 대응력과 믿고 맡길 수 있는 신뢰감을 고객에게 선사한다는 점을 차별화 전략으로 내세우고 있습니다.

폐기물을 재활용할 때 금속이나 고무, 수지, 목재 등 각각 다른 소재가 혼합된 폐기물은 처리가 어렵습니다. 여러 재질이 섞여 있다 보니 재활용 처리 과정에서 손이 많이 가고 당연히 비용 부담도 커졌습니다. 일례로 타이어에는 고무만 있는 것이 아니라 와이어도 함께 들어 있습니다. 광케이블도 철심과 수지와 광파이버로 이루어져 있습니다. 전자제품 역시 수지와 금속이 뒤섞여 있어 이를 재활용하기 위해서는 소재를 일일이 분리하는 작업이 우선적으로 요구됩니다.

그동안 재활용업체에서는 보통의 분리분쇄기를 사용해서 이 작업을 했습니다. 폐기물을 1~2mm 사이즈까지 작게 잘라 자력(磁力)으로 선별하거나, 진동이나 풍력을 이용해 무게로 선별하는 방식입니다. 경우에 따라서는 일일이 수작업으로 구분해야 합니다. 그 때문에 플랜트의 크기가 커질 수밖에 없고 비용도 많이 듭니다. 도무지 감당할 수 없는 비용이 들어간다면 결국 매립하거나 연료로 처리하는 쪽을 선택할 수밖에 없습니다. 소재로서 재활용이 되지 못하는 것입니다.

엠다이아는 기존의 재활용 방식이 가진 한계에 주목하여, 이를 뛰어넘을 방안을 연구했습니다. 그리하여 혁신적인 분리분쇄기 '에코 세퍼레이츠(Eco-Separates)'를 개발했습니다. 단 한 대로 모든 분리 작업을 소화하기 때문에 이 기계를 쓰면 비용을 최대 90%까지 절감할 수 있습니다. 폐타이어를 넣으면 곧바로 고무와 와이어로 분리되어 나오고, 광파이버를 넣으면 철심과 수지로 자동 선별되는 놀라운 기술을 선보인 겁니다.

사실 에코 세퍼레이츠는 현재의 대표이사 모리 히로요시(森弘吉)의 부친이 1999년에 그 원형을 개발했습니다. 마술과도 같은 이 기술의 시작은 기존의 원리를 뒤집는 것이었습니다.

당시의 폐기물 분리분쇄기는 자르고, 누르거나 두드려 깨뜨리는 방식이었습니다. 그런데 모리 대표의 부친이 생각한 방법은, 간단히 말하면 '긁어내는' 것이었습니다. 고정 날과 회전 날을 이용해 단단하거나 부드러운 소재를 긁어서 벗겨내는 겁니다. 두 날의 간격, 각도 등 소재에 따라 미세한 조정을 가해 소재별로 다르게 처리하는데, 바로 여기에 엠다이아 고유의 기술적 노하우가 숨어 있다고

엠다이아의 폐기물 분리분쇄기 '에코 세퍼레이츠'는 여러 소재가 섞인 혼합폐기물을 보다 쉽고 편리하게 소재별로 분리시켜준다.
자료: <https://www.m-dia.jp/product/series/ecosepare.html>.

합니다.

 엠다이아는 고객사의 요구에 따라 분리분쇄기를 맞춤형으로 조정해주고 있으며, 통신·자동차 부품·디지털가전 업계와 직거래를 합니다. 놀랍게도 일본 국내는 물론 미국과 중국, 그리고 우리나라에서도 기술특허를 취득해, 이제 엠다이아의 분리분쇄기는 파이버와 자동차 범퍼, 타이어, 컴퓨터와 휴대전화 부품 등의 재활용 처리 시 없어서는 안 될 존재가 되었다고 합니다. 2015년에는 국제협력기구(JICA)의 중소기업해외전개지원사업에 채택되어 인도네시아의 리사이클 재생자원 창출과 폐기물 감소에 대한 가능성 조사에 참여하기도 했습니다.

작은 규모에도 불구하고 국내외의 관심을 받으며 한창 성장세를 구가하는 회사이지만, 엠다이아가 꽃길만 걸었던 것은 아닙니다. 다니던 철공소를 그만두고 1979년 유압기계 수리업을 시작한 모리 대표의 부친은 뛰어난 기술을 갖고 있었으나 채산이 맞지 않아도 일을 떠맡는 성품이라 경영은 늘 어려웠다고 합니다. 그러다 모리 대표가 기계전문학교 본과를 졸업할 즈음에는 실적 악화로 첫 번째 도산 위기를 맞게 됩니다.

그러던 중 폐타이어의 분쇄·파쇄 처리가 가능한지 문의를 받은 부친은 오랜 시행착오 끝에 1999년 폐타이어 전용 파쇄 장치를 완성합니다. 하지만 그렇게 개발한 파쇄 장치를 2001년 한 회사에 판매하고도 대금을 회수하지 못해, 부채 규모가 3억 엔에 달하며 두 번째 도산 위기에 처했습니다. 모리 대표가 가업에 뛰어든 것은 바로 그때였습니다.

"아버지는 도망치듯 개발에 열중했고 그사이 자금 융통에 동원된 것은 어머니였습니다. 결국 회사가 도산하면서 집도 땅도 경매에 넘어가던 날, 어머니가 처음으로 눈물을 보이셨습니다. 그 울음소리가 내 발길을 잡았습니다."

모리 대표는 아버지가 개발한 훌륭한 기술과 그 기술력으로 탄생된 제품이 사장되는 것만은 막아야겠다고 생각했습니다. 그 기술과 제품을 세상에 널리 알릴 사람은 결국 아들인 자신뿐이라는 생각에, 2005년 다니던 회사를 퇴직하고 부친과 공동출자 형식으로 회사를 새로 설립한 것이 바로 지금의 엠다이아입니다.

- - - - **진화3** 과거의 기술에 미래를 불어넣다 - - - -

엠다이아 창업 후 모리 대표가 가장 집중한 일은 판매 루트 개척이었습니다. 두 번의 도산 위기가 모두 부친의 판매 능력 부족에서 왔다고 봤기 때문입니다. 모리 대표는 발품을 들여 전국을 다니며 고객 확보에 나섰습니다. 이 과정에서 명함을 교환한 사람만 연간 1,000~1,500명에 달했다고 합니다.

그런 한편, 에코 세퍼레이츠 개량에도 힘을 기울여, 이 기계로 처리할 수 있는 폐기물의 종류를 더 확대했습니다. 에코 세퍼레이츠만이 아니라 혼합폐기물을 자유로운 사이즈로 분리 처리할 수 있는 저비용 파쇄기, 성능과 내구성이 뛰어난 전동식 '에코 커터' 시리즈 등 신상품을 개발해 상품군을 확장해나간 것입니다.

하나의 기업이 도산하는 것은 단순히 기업이 무너지는 것으로 끝나지 않습니다. 좋은 제품, 좋은 기술이 사장되는 일이기도 합니다. 엠다이아의 모리 대표는 부친이 개발한 기술이 가진 강점과 한계를 직시하여 해결책을 고심한 덕분에 사회에 유용한 기술이 사장되는

●● '에코 커터' 시리즈는 절단면이 깨끗하고 연속 절단이 가능
하다는 점에서 고객들로부터 높은 평가를 받고 있다.
자료: <https://www.m-dia.jp/product/series_
cutter/ecocutter.html>.

것을 막는 한편, 성공적으로 기업 진화를 이끌어갈 수 있었습니다.
아무리 형편이 안 좋은 기업이라도, 혹 사양산업이라 해도 훌륭한
기술이 고객의 쓸모를 기다리고 있을지 모르는 겁니다.

혼합폐기물 재활용 사업에서 획기적 진화를 이뤄낸 일본의 작은
기업 엠다이아, 최대 90% 비용 절감이라는 경이로운 결과를 이끈 그
과정을 들여다보노라니 지금 이 순간에도 세상 어딘가에는 혁신에
여념이 없는 수많은 작은 기업이 있으리라는 믿음을 갖게 됩니다.

수첩회사가 살아남은 방법

· · · 레이메이 후지이 · · ·

컴퓨터와 스마트폰의 등장으로 수첩과 공책 등을 만드는 문구 기업들이 큰 타격을 받으리라는 것은 쉬이 예상할 수 있는 일입니다. 일본의 문구업계도 많은 어려움을 겪고 있지만, 그럼에도 주목받는 회사는 있습니다. 그중 여기서 소개하고 싶은 주인공은 레이메이 후지이(レイメイ藤井)입니다. 1890년에 창업해 무려 130년이 넘도록 이어온 회사인데, 최근에 오히려 매출이 늘고 이익률도 나아졌다고 합니다. 시대 변화의 역풍 속에서 어떻게 이 같은 성장을 이루어낼 수 있었을까요?

레이메이 후지이의 성장사는 일본 문구 시장의 호황기와 궤를 같이합니다. 1890년 창업하여 일본 전통 종이와 펜촉 등의 수입 문구를 취급하던 레이메이 후지이는 이후 일본의 교육제도 변혁기를 맞아 노트와 문구 수요가 늘어나면서 사업을 번창시킬 수 있었습니다. 또한 전후 고도 경제성장기로 접어들면서 사무용품 수요가 증가해 문구, 계산기, 오피스 가구 등으로 사업영역을 확대할 수 있었습니다. 이후 레이메이 후지이는 규슈 지역 일대에 영업 거점을 개설하여 문구전문점과 양판점을 상대로 하는 도매 사업 부문을 크게 확장했습니다.

레이메이 후지이는 학생용 문구 사업을 핵심 사업군으로 선정하여 성장에 박차를 가하기도 했습니다. 1984년 일본에 처음 발매된 영국제 시스템 수첩 '필로팩스(Filofax)'가 큰 호응을 얻자 수첩 사업에 진출하여 1985년 '월터울프(Walter Wolf)'라는 브랜드로 시스템 수첩을 개발해 판매했습니다. 이후 고급 다이어리 시장을 겨냥해 천연가죽으로 만든 시스템 수첩 '다빈치'를 출시했습니다. 레이메이 후지이는 이렇게 100년 가까운 시간 동안 시대의 변화를 곧바로 자신들의 성장동력으로 삼았습니다.

그렇지만 1990년대 들어서면서 레이메이 후지이의 성장을 이끌던 순풍이 순식간에 역풍으로 바뀝니다. 디지털 기술의 급격한 발전으로 종이 노트와 수첩, 시스템 다이어리 등의 제품군을 보유한 레이메이 후지이는 흔들리기 시작했고, 계속된 인구 감소로 취학기 인구가 급감하면서 학생용 문구 사업 역시 어려움에 처하게 된 것입니다.

진화1 역풍, 변화의 바람

2006년에 취임한 7대 사장 후지이 아키오(藤井章生)는 기존 사업의 연장선상에서 성장을 지속하기는 어렵다고 판단하고 공격적인 사업 확대에 나섭니다. '지적 생산을 지원하는 복합회사'라는 슬로건을 내걸고 종이·문구·사무기기와 같이 지적 생산에 필요한 상품을 보다 다양하게 갖추기로 했습니다. 또한 지적 생산이 가능한 환경 조성을 지원함으로써 지적 문화 향상의 선구적 역할을 수행하겠다는 기업의 전략 방향을 설정했습니다.

후지이 사장은 이를 근거로 기존 사업을 세분화하여 4개의 사업군으로 재편했습니다. 먼저, ST사업부(문구 제조 판매)에서는 자사 고유의 브랜드를 개발하여 도쿄를 중심으로 시장 확대를 도모하기로 했습니다. 그리고 나머지 3개 사업, 즉 종이사업부와 OS사업부(사무용품 도매) 그리고 BS사업부(사무기기 판매)는 규슈 지역을 기반으로 하기로 했습니다.

이런 변화된 기조와 전략으로 확대된 사업을 펼친 결과, 자사 브랜드 문구는 소득 증가로 확대된 도쿄의 중산층 수요를 끌어들이며 급성장하였고, 지역 밀착형 도매 사업은 보다 세분화된 영업으로 매출을 늘렸습니다. 그리하여 200억 엔대였던 매출이 2015년경 300억 엔대 규모로 늘어났고, 2020년 6월 결산에서는 315억 엔을 기록했습니다.

이제 레이메이 후지이의 전체 매출에서 문구 사업의 구성 비율은 약 10%에 불과합니다. 나머지 90%는 주로 규슈 지역에서 전개하고 있는 사무기기 판매 등의 사업이 차지하고 있습니다. 위기라고 생각했던 시대의 역풍이 오히려 새로운 기회를 향해 사업 방향을 돌릴 수 있는 계기가 되어준 겁니다.

---- **진화2** 일하는 방식의 개혁 ----

현재 일본은 저출산·고령화에 따른 생산가능인구의 감소와 육아와 간병의 요구 등에 따라 '일하는 방식' 및 수요의 다변화를 겪고 있습니다. 투자와 이노베이션을 통한 생산성 향상과 더불어 취업기회 확대와 각자의 능력을 충분히 발휘할 수 있는 환경을 만드는 것이 중요한 과제로 대두된 것입니다. 이러한 분위기에서 일본 정부가 추진 중인 '일하는 방식의 개혁'은 저마다 자신의 사정에 맞게 일하는 방식을 선택할 수 있는 사회를 실현하고 일하는 사람 모두가 더

나은 미래 전망을 가질 수 있도록 하자는 취지입니다.

레이메이 후지이는 정부의 이러한 개혁 방침에 발맞추어 '지적 생산을 지원한다'라는 경영이념을 표방합니다. 레이메이 후지이가 정의하는 '지적 생산'이란 스스로 생각하며 정보를 정리하는 것입니다. 일본에서 '일하는 방식 개혁'이 사회적 이슈로 등장하여 관련 법령이 개정된 것이 2018년경입니다. 그 후 급속히 AI와 IoT의 도입 등으로 사무실 근무환경은 물론 학습하는 장소의 워크플로가 변화하고 있지만, 변함없이 중요한 일은 '스스로 생각하는 것'입니다. 이에 따라 레이메이 후지이는 인간의 보편적 일상인 '지적 생산'을 종이·문구·사무기기 등의 툴을 통해 지원하고자 합니다.

- - - - **진화3** 제조기업에서 오피스 해결사로! - - - -

최근 레이메이 후지이는 OA기기를 주축으로 하는 사내 IT 솔루션 제안 사업과 해외 진출에 집중하고 있습니다. 지금까지는 복사기 등 사무기기 판매를 주로 했지만 앞으로는 네트워크 구축을 포함한 IT 솔루션을 제공하는 비즈니스로 전환을 서두르고 있습니다. 사무실 레이아웃 변경과 업무 효율화를 위한 소프트웨어 선정, 보안 시스템 구축 등 사무실 공간 최적화를 위한 '오피스 해결사'를 자처하고 나선 것입니다.

'오피스 레이아웃'은 레이메이 후지이의 차세대 역점 사업이다. 최근 일본에서는 업무 효율화 추
구와 재택근무 확산 등으로 관련 시장이 급속히 확대되고 있다.
자료: <https://www.raymay.co.jp/division/bs.html>.

특히 '오피스 레이아웃'과 관련한 컨설팅 사업은 일본 정부가 추
진 중인 '일하는 방식의 개혁'과 맞물리며 거래 문의가 급증하고
있다고 합니다. 일하는 방식의 변화에 따라 '프리 어드레스(Free
Address ; 개인 전용 책상 없이, 날마다 앉는 자리를 바꾸는 오피스 형식)'
등 혁신적인 오피스 레이아웃을 도입하려는 기업이 늘어나고 있기
때문입니다. 레이메이 후지이는 업무 흐름을 반영한 동선 분석을
바탕으로 최적의 오피스 레이아웃을 제안하고, 해당 기업의 사무
공간 개혁을 지원해줍니다.

실제로 오늘날의 일하는 공간은 단순히 '사무실'에 그치지 않으며, 업무효율성 극대화를 고려해야 하는 것은 물론, 심지어 인재를 영입할 때도 중요한 요소로 작용하곤 합니다. 이에 따라 레이메이 후지이가 최근 전개하고 있는 차세대 사업 전략은 매우 트렌디한 것으로 평가받고 있습니다.

후지이 사장은 해외 진출에도 역점을 두고 있습니다. 2011년 홍콩사무소를 개설한 이후 이를 거점으로 중국 본토와 동남아시아 지역에서 문구 판매 확대를 노리고 있습니다. 동남아시아에는 평균 연령이 20대이거나 30대 초반인 나라와 지역이 많습니다. 앞으로 어린이 수가 늘어나고 경제성장과 더불어 교육제도가 보다 강화된다면 동남아시아의 문구 시장도 반드시 성장할 것이라는 게 후지이 사장의 판단입니다.

130년이라는 시간 동안 레이메이 후지이는 끊임없이 성장해왔고 변화했으며 위기에서 살아남았습니다. 어쩌면 이 기업을 더 강하게 살아남도록 이끌어준 것은 경제호황이나 블루오션 같은 시대의 순풍이 아니라 시장의 쇠퇴라는 시대의 역풍이 아니었을까 싶기도 합니다. 만약 그렇다면 현재 우리의 항해를 가로막는 역풍이 어쩌면 미처 생각지 못한 새로운 세상으로 우리를 이끌어줄 순풍으로 바뀔지도 모를 일입니다. 시대의 역풍을 타고 새로운 시장을 찾아낸 레이메이 후지이가 경험했던 것처럼 말입니다.

시대 변화의 역풍 속에서도 성장을 멈추지 않았던 일본의 문구 기업 레이메이 후지이의 성장 과정을 보면서, '쇠퇴산업' 혹은 '사양산업'이라는 말은 사실 한낱 핑계에 불과한 게 아닐까 생각해보게 됩니다.

냉동기술의 신기원

··· 테크니칸 ···

냉동식품을 해동해서 먹으면 아무래도 맛이 떨어지는 것을 느끼게 됩니다. 해동 과정에서 수분 등의 액체가 빠져나가며 본래의 맛을 잃어버리기 때문입니다. 그런데 해동 시 일명 '드립(Drip)'이라 불리는 이 액체가 빠져나가지 않도록 하는 획기적인 냉동기술을 개발해 화제가 된 기업이 있습니다. 요코하마에 본사를 둔 테크니칸(テクニカン)이라는 회사입니다. 맛과 영양 손실을 최소화하는 냉동기술을 개발해 세상을 놀라게 한 테크니칸의 이야기를 만나보겠습니다.

우리는 바깥 기온이 20℃라면 비교적 쾌적하게 지낼 만한 날씨라고 이야기합니다. 하지만 바닷속 온도가 20℃라고 하면 이야기가 달라집니다. 정말로 차갑게 느껴집니다. '왜 같은 온도인데 바닷속은 더 차갑게 느껴질까?' 테크니칸은 이런 질문을 던지며 '혹시 액체로 냉각시키면 더 빨리 얼릴 수 있지 않을까?' 하는 발상의 전환으로 새로운 냉동기기를 개발해냈습니다.

---- **진화1** 냉동음식도 맛있다?! ----

테크니칸의 획기적 냉동기술의 원리는 의외로 간단합니다. 특수 액체가 담긴 비닐 용기 사이에 식품을 끼워 넣어 냉장고의 냉동 칸에 넣어두기만 하면 됩니다. 먹다 남은 육류나 생선은 물론이고 막 지은 밥도 이런 방식으로 냉동시키면 본래의 맛을 그대로 유지할 수 있으며, 무엇보다도 냉동-해동-재냉동을 반복해도 맛이 변하지 않는다고 합니다.

테크니칸은 자체적으로 진행한 비교 실험 결과를 통해 이를 증명해 보입니다. 냉동했던 고기를 해동해 구우면 '드립'이 발생합니다. 이 드립에는 단백질과 아미노산 등 영양소가 포함되어 있고, 따라서 그 손실이 클수록 맛은 떨어집니다. 다시 말해, 신선한 고기일수록 조리 과정에서 드립이 발생하지 않습니다. 테크니칸은 영하 27℃ 냉풍으로 냉동한 고기와 자사의 액체냉각 기술로 냉동한 고기, 그리고 냉동하지 않은 생육을 비교해봤습니다. 그 결과, 냉풍으로 냉동한 경우는 고기 중량의 4.5%에 해당하는 드립이 발생했고, 액체냉각으로는 0.4%, 생육은 0.2%였다고 합니다. 액체냉각으로 냉동하고 해동한 고기는 그 맛에서 생육과 거의 차이가 없다는 겁니다.

이러한 결과가 나타나는 이유에 대한 테크니칸의 설명은 이렇습니다.

"통상적인 냉풍에 의한 냉동기기에서는 세포 안의 수분이 얼면서 100~200μ 크기의 결정이 만들어집니다. 고기와 채소의 세포 크기는 20~30μ이기 때문에 냉풍에 의해 형성된 얼음 결정이 세포막을 파괴해 고유 성분을 잃게 됩니다. 그런데 액체를 사용해 냉동을 시키면 냉풍에 의한 경우보다 훨씬 빠른 시간 안에 냉각이 되고, 따라서 얼음의 결정 크기가 5μ 정도에 머무르게 됩니다. 동결속도가 늦어질수록 돌기 형태의 얼음 결정체가 세포막을 안쪽부터 파괴하지만, 동결속도가 빠르면 결정체가 작고 둥근 형태가 되기 때문에 세포막에 상처를 주지 않는 것입니다."

테크니칸의 액체냉각 냉동 방식은 기체와 액체의 열전도성 차이를 활용한 것입니다. 90℃ 온도의 사우나에서는 사람이 견딜 수 있지만 90℃의 뜨거운 물에는 손가락도 담글 수 없습니다. 기체는 액체보다 밀도가 작고 분자의 수가 적어 열전도율이 낮기 때문입니다. 테크니칸은 바로 이 점에 주목했습니다.

그러나 문제는 어떤 액체를 써야 급속 동결이 가능한가였습니다. 테크니칸은 알코올을 섞는 방식을 생각해냈습니다. 알코올 농도가 50%라면 영하 30도에서도 충분히 사용할 수 있습니다. 알코올 용액은 비중도 가벼워 식품이 그 속에 가라앉기 때문에 위생적으로도 문제가 없습니다. 이런 과정을 거쳐 '액체동결=알코올동결'의 등식을 찾아내면서 세상에 새로운 냉동기술을 선보이게 된 것입니다.

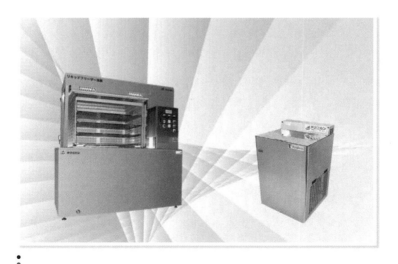

테크니칸이 만든 액체냉각 방식의 냉동기기 '토민'. 물에 에탄올을 60% 첨가한 수용액을 영하 30°C까지 낮춰 식품을 냉동시킨다. 냉풍냉각 방식보다 냉각속도가 20배 정도 빠르다.
자료: <https://www.technican.co.jp/>.

테크니칸이 만드는 액체냉각기 '토민(凍眠)'이 바로 그 주인공으로, 물에 에탄올을 60% 첨가한 수용액을 영하 30℃까지 낮춰 냉각시키는 방법을 씁니다. 두께 1cm의 스테이크용 고기를 냉동하는 데 불과 3분밖에 걸리지 않습니다. 두께 2cm의 쇠고기라도 8~10분이면 냉동이 됩니다. 냉풍냉각 방식보다 냉각속도가 20배 정도 빠르다고 합니다.

진화3 간절하면 통한다

야마다 요시오(山田義夫) 사장이 액체냉각 방식의 냉동 시스템을 개발하게 된 데는 가업의 영향이 컸습니다. 부친이 정육 관련 일을 하고 있었고 그 영향으로 형제자매들도 육류 관련 회사를 경영했다고 합니다. 부친이 경영하는 회사는 연간 매출이 500억 엔에 달할 정도로 컸습니다. 야마다 사장도 원래는 여동생 부부가 경영하는 식육가공 회사에서 외식산업용 상품을 개발하는 일을 했습니다. 그러다 1980년대에 외식산업의 급성장으로 육류 거래량이 가파르게 증가하자 육류가공 공장의 냉동고에 공간이 부족해졌고, 가공량을 늘리고자 냉동속도를 올리는 기술에 관심을 갖게 되었다고 합니다.

청년 시절의 다이빙 경험에서 액체냉각 아이디어를 떠올린 그는 근무 중 틈틈이 아이디어를 구체화할 방안을 마련하며 개발을 이어갔고 6개월여 만에 시제품을 만들 수 있었습니다. 3년여 동안 제품을 개량하여 드디어 1989년 아내와 함께 테크니칸을 설립했습니다.

테크니칸이 독자적 기술로 개발한 액체냉각 시스템 '토민'은 기기의 종류가 다양합니다. 아주 작은 크기로 일반 소비자가 사용할 수 있는 제품, 일명 '트레저 박스(Treasure Box)'가 있는가 하면 컨베이어벨트의 입구부터 출구까지를 터널 형태로 만들어 그 안에서 제품을 냉동시키는 '터널 프리저(Tunnel Freezer)'도 있습니다. 토민은 세

'토민'으로 냉동시킨 제품만을 판매하는 냉동식품 전문점 '토민 프로즌'의 내부 모습. 냉장 상태로 유통했을 때 신선도가 떨어지는 제품을 주로 취급하며, 취급 품목 중에는 김밥과 청주도 있다.
자료: <https://www.technican.co.jp/>.

계 36개국에서 이미 특허를 취득했습니다. 대규모 수산회사와 식품 업체, 육류가공 공장. 외식체인 등은 물론 일본의 유명 해산물 시장인 쓰키지(築地) 시장에서도 인기가 높습니다.

2021년 2월에는 이토추(伊藤忠)식품과 함께 '토민 프로즌(TŌMIN FROZEN)'이라는 브랜드의 냉동식품 전문점을 오픈했습니다. 이 매장에서는 토민으로 냉각시킨 약 70개 품목의 식품을 판매합니다.

테크니칸의 이야기를 살펴보면, 더는 발전할 게 없을 것 같은 분야에서도 부족한 부분은 있고 개선의 여지는 있게 마련이라는 생각을 하게 됩니다. 모두가 당연하다고 여기는 것, 관행처럼 반복하던 것을 의심할 때 바로 거기서 새로운 비즈니스 기회가 창출되는 것 아닐까요?

꼬리에 꼬리를 무는 미용실
· · · 오쿠시 · · ·

일본의 미용업계는 매년 1만 개 정도가 개업을 하고 8,000~9,000개가 폐업하는 등 변화가 매우 극심합니다. 그만큼 경쟁이 치열한 시장이라 할 수 있습니다. 그런데도 지난 20년 동안 이 뜨거운 시장에서 언제나 수익을 내온 미용실이 있습니다. 바로 미용실 체인점 오쿠시(オオクシ) 이야기입니다.

오쿠시는 57개의 직영점을 운영하는데, 2021년 6월 결산에서 역대 최대의 매출 실적을 올렸고, 고객의 재방문율이 무려 85%가 넘는다고 합니다. 손님이 꼬리에 꼬리를 무는 미용실, 오쿠시의 수익 창출 비결은 무엇인지 알아보겠습니다.

오쿠시가 직접 운영하는 점포는 서비스 유형에 따라 6가지로
구분되며, 가장 대표적인 매장은 남녀노소 모든 고객을 대상으
로 하는 'Cut Only Club'이다.
자료: <https://www.ohkushi.co.jp/salon-list/>.

- - - - 　　　　비전을 가진 미용실 기업　　　　 **- - - -**

　오쿠시는 '비전기업(visionary company)'이 되겠다고 공언합니다.
오쿠시를 소재로 한 서적이 출간되면서 한때 비전기업이 주목을 받
기도 했는데, 이들 비전기업은 '동종의 회사들로부터 높은 평가를
받고 주위에 지대한 영향을 끼치며 전통을 지키는 우수한 조직'으로
정의할 수 있습니다. 그리고 오쿠시가 정의하는 비전기업은 '앞을
내다볼 줄 아는 미래 지향 기업'입니다. 결국 비전기업이란 업계에
서 탁월한 실적을 올릴 뿐 아니라 경영자가 다방면에서 높은 존경
을 받으며 지역사회에 지워지지 않는 흔적을 남기는 기업을 말하는

것입니다.

오쿠시가 설정하고 있는 전략과 경영방침은 경영과 관련된 모든 관계자가 '오쿠시는 비전기업'이라고 인식하는 것에 초점이 맞춰져 있습니다. 그래서 오쿠시는 하나의 목표를 향해 함께 열심히 달려 갈 동료를 만난 것이야말로 가장 큰 행운임을 잊지 말라고 구성원 모두에게 강조합니다.

---- 　　위기의 가업을 잇다　　 ----

오쿠시의 전신은 현재의 오쿠시 데쓰시(大串哲史) 2대 사장의 부친이 1964년 동네에 문을 연 작은 미용실이었습니다. 그러다 1982년에 법인화를 하면서 '패밀리 헤어살롱 오쿠시'로 이름을 바꾸고 연령이나 성별에 관계없이 가족 모두가 이용할 수 있는 미용실로서 고객에게 다가갔습니다. 하지만 1992년 오쿠시 사장이 가업을 이어받을 당시에는 재무 상태가 상당히 악화되어 있었고 갚아야 할 대출금도 적지 않았다고 합니다. 점포는 노후된 상태였고, 직원기숙사 운영비도 만만치 않았으며, 무엇보다 직원들의 높은 이직률이 문제였습니다.

오쿠시 사장은 산적한 과제를 차근차근 해결해나갑니다. 점포를 리뉴얼하고, 미용학원을 막 졸업한 젊은 미용사들을 채용하여 인건비를 절약하는 한편, 직원기숙사는 매각했습니다. 그리고 직원들의 높은 이직률 문제를 해결하기 위해 먼저 직원 설문조사를 실시합니다. 직원들이 이직하는 이유를 알아야 문제를 해결할 수 있으리라고 본 것입니다.

오쿠시 사장은 사실 직원들이 급여나 처우에 불만이 있는 것이라고 예상했으나 설문조사 결과는 전혀 달랐습니다. '좋은 동료와 일하고 싶다', '인생의 지침을 얻고 싶다' 같은 응답이 많았던 겁니다. 설문조사를 통해 오쿠시 사장은 직원들이 '살아가는 방법' 자체에 대해 고민하고 있음을 깨달았다고 합니다.

이후 오쿠시 사장은 '왜 일하는가', '인생의 지침은 무엇인가'를 고민합니다. 유명 경영자들의 책도 읽고 다양한 사람을 만납니다. 그렇게 얻은 교훈을 직원들과 공유했고, 나아가 그 내용을 모아 《필로소피》라는 경영이념집을 출간했습니다.

이제는 직원들의 필독서가 된 《필로소피》는 "사장을 포함한 모든 직원은 가족이다"라는 문장으로 시작합니다. 오쿠시 사장은 이에 대해 "종업원만족과 고객만족은 똑같다고 생각한다. 보물은 직원들이고, 직원이 조금이라도 행복한 인생을 보내는 것이 우리 회사의

오쿠시를 대표하는 또 다른 서비스 매장, '비젠(美禪)'. 두피 관리를 포함하여 단순한 미용 서비스를 넘어 테라피를 제공하는 데 주안점을 두고 있다.
자료: <https://www.ohkushi.co.jp/recruit/training/>.

경영 목표다"라고 말합니다.

실제 경영현장에서도 그의 이런 철학은 실현되고 있습니다. 동일본대지진 발생으로 매출이 급감했지만, 오쿠시 사장은 "직원의 생활을 지키겠다"라는 선언과 함께 구조조정은 물론 휴업이나 감봉조차 하지 않았습니다. 당시 일본은 피해복구를 위해 영업장의 계획정전을 시행했는데 이로 인해 미용실 영업시간이 줄게 되자 오쿠시

사장은 폐점 시간을 늦추는 조치로 직원들의 근무시간을 확보해줌
으로써 급여가 줄지 않도록 했습니다.

진화2 신뢰의 기본, 투명경영

오쿠시 사장은 말합니다.

"직원의 믿음을 얻으려고 이렇게까지 하느냐는 말을 듣기도 합니
다. 하지만 나는 믿음이 모든 것의 근원이라고 생각합니다. 직원의
신뢰를 쌓는 데 들이는 에너지가 경영에서 가장 큰 부분을 차지합
니다."

실제로 오쿠시의 직원들에게는 회사의 재무 상황 및 각 매장에서
창출하는 수익이 얼마인지가 투명하게 공개됩니다. 또한 월 1회 개
최되는 경영회의의 회의록 전문을 모든 직원이 볼 수 있습니다. 자
료를 공개한 뒤에는 각 매장 직원과 회의록을 함께 읽으며 회사의
문제 및 해결책을 논의한다고 합니다. 오쿠시는 사업계획서 또한
금융기관에 제출하기 위해서가 아니라 직원들에게 보여주기 위해
만들고, 사업성과 보고서도 자금 사용처를 명기한 뒤 모든 직원에
게 전달합니다. 그러므로 만약 오쿠시 경영진의 중대한 판단 실수
가 있다면 직원들이 금세 알아챌 수 있습니다.

　미용업 같은 서비스업에서 품질을 정량적 지표로 확인하는 방법은 재방문율을 살피는 것입니다. 2020년 6월 말 현재 오쿠시 각 직영점의 재방문율은 평균 85.8%이며, 가장 높은 직영점의 경우 95%에 달합니다. 70%가 넘으면 성공이라 여기는 업계의 기준에 비추어 경이로운 수치라 할 수 있습니다. 이런 높은 재방문율에는 오쿠시의 모든 매장에 도입되어 있는 POS(point of sales) 시스템이 큰 역할을 합니다.

　이 시스템은 고객의 성별, 연령, 126개에 달하는 커트 유형, 담당 미용사 등의 정보를 축적하고 있으며, 고객 한 명당 재방문율과 각 미용사별 고객 재방문율 등도 이를 통해 모든 매장에서 실시간으로 확인할 수 있습니다. 이는 서비스의 질을 높이는 데도 유용하지만 직원 개개인에게도 도움이 됩니다. 어떤 헤어스타일로 서비스했을 때 재방문율이 높은지 등 미용사들의 장점을 파악하고 정리해둘 수 있기 때문입니다.

　나아가 오쿠시는 이 시스템을 통해 미용사별로 실적을 수치화할 수 있도록 해놓았습니다. 즉, 직원들의 급여명세서에 지급액과 더불어 매출 실적에 대한 기여도가 포함됩니다. 이렇듯 세세하게 수치로 나타내는 것에 대해 직원들이 부담을 느낄 수도 있지만, 오쿠시 사장은 이렇게 이야기합니다.

"사람을 움직이는 것은 숫자가 아니라 '정'입니다. 굳이 데이터를 제시하는 것은 고객만족을 위해 노력하는 직원들의 분발을 돕기 위해서입니다. 직원들 또한 저와 마찬가지로 생각하도록 하기 위해서는 제가 더욱 노력해야 한다고 생각합니다."

사실 일본의 미용업계에서는 실적에 따라 급여를 지급하는 것이 매우 일반적이며, 심지어 사회보험 혜택을 제공하지 않는 미용실도 많습니다. 하지만 오쿠시는 완전고정급 제도를 채택하고 있고, 사회보험도 완비되어 있습니다. 미용사의 실적이 낮다고 급여를 깎는 일도 없습니다.

오쿠시는 직원 채용의 형태도 다양합니다. 아티스트는 물론 보조원, 파트타임, 경력단절 여성, 시니어 등으로 구분하여 채용 절차를 진행합니다. 그뿐 아니라 미용사 트레이닝 센터도 운영 중입니다. 미용학원을 갓 졸업한 직원에 대한 연수부터 스타일리스트를 대상으로 한 레벨업 연수 등 다양한 기술 연수를 제공하며, 나아가 미용 기술만이 아니라 접객 매너까지 훈련합니다. 점장을 목표로 하는 직원들을 대상으로 한 매니지먼트 세미나 등도 정기적으로 개최하고 있습니다. 실전에 가까운 형태로 학습할 수 있도록 매장 내에 연수 시설을 병설하여 운영하고 있습니다.

동네 미용실로 처음 문을 연 뒤 60년 가까이 지나는 동안 오쿠시는 진화에 진화를 거듭해왔습니다. 업계가 큰 위기를 맞아도 오쿠시는 굳건히 생존할 수 있었는데, 이는 오랜 시간 변하지 않았던 단

하나의 가치, '직원을 가족처럼' 여기는 그 한결같은 마음 덕분이라고 봅니다. 경제적 인센티브와 경쟁이 무엇보다 우선시되는 오늘날의 시장 환경에서 오쿠시는 경영의 기본이 무엇인지를 일깨워주는 사례입니다. 고객보다 직원이 더 중요하다고 강조하며 일본 미용업계의 대표주자로 우뚝 선 오쿠시가 만들어가는 성공의 길에서 서비스 업종의 미래 지향적 차별화 전략을 확인하게 됩니다.

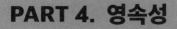

PART 4. 영속성

．
．
．

〜〜〜〜〜〜〜〜〜〜〜

눈에 보이지 않는
가치에 대한 존중

〜〜〜〜〜〜〜〜〜〜〜

일본에서 120년 넘게 오로지 문구용 풀만 만들어온 기업 야마토 (ヤマト)의 3대 사장 하세가와 스미오(長谷川澄雄)는 지속경영을 위해 필요한 것이 무엇인가 하는 질문에 다음과 같이 답했습니다.

"오래 지속해온 시니세도 3대째가 되면 망한다는 징크스가 있습니다. 나는 바로 그 3대째 사장입니다. 처음부터 요주의 인물로 낙인찍힌 셈이지요. 왜 3대째가 위험하냐면, 오랫동안 사업을 하다 보면 아무래도 세상이 변하는 속도와 사업이 맞지 않게 됩니다. 세상의 변화를 따라가지 못하니까 망하는 겁니다. 그 3대째 사장이 잘못한 것만은 아니고 회사의 사업과 세상의 격차가 회사를 망하게 만드는 것입니다. 세상이 원하는 것을 팔아야 하는데, 어긋난 것만 내놓으니 팔릴 리가 없습니다. 아무리 오랜 역사를 가진 기업이라도 몇십 년에 한 번은 찾아오는 전환기를 슬기롭게 극복하지 못하면 더 이상 생존할 수 없을 것입니다."

야마토는 1899년에 '보존 가능한 풀'을 깡통에 넣어 팔며 사업을 시작했고, 그 후 풀을 담는 용기를 튜브, 유리, 플라스틱으로 진화시키며 성장해온 기업입니다. 결코 비싼 제품이라 할 수 없는 풀을 판매하지만 어떻게 고부가가치를 창출할지 궁리하고 고민하는 회사입니다. 하세가와 사장이 후세에 남기고자 야마토의 성장 과정을 정리해 발간한 책이 있는데,《혁신의 연속이 노렌을 만든다(革新の

連続が暖簾をつくる)》입니다.

이 책에서 '노렌'이라는 말은 일본에서 기업경영과 관련해 실로 놀라운 의미를 담고 있습니다. 일본 어디서나 흔하게 눈에 띄는 것으로, 가게 입구에 친 무명천 가림막을 가리키는 명칭이면서, 경영자들에게 노렌이란 무슨 일이 있어도 지켜야 하는 신조를 의미하는 말이기도 합니다. 이를테면 '하늘이 두 쪽 나도 노렌은 지킨다'라는 신념을 가지고 장사를 하는 것으로 잘 알려진 사람들이 있으니, 바로 오사카 상인입니다. 이들은 자신들의 역사와 전통을 지키고자 '오사카 노렌 백년회'를 결성했으며, 회원들은 '오사카 노렌 상법'을 만들어 공유합니다. 이 상법에서는 노렌을 가리켜 영속성의 상징이자 경영이념의 표명이라 말하고 있으며, '영속하는 것'을 기업의 진수로 제시하고 있습니다. 장사를 시작했으면 이어가는 것이 도리이고 지속하는 것이 기업의 존재 의미라는 것입니다.

2015년 '일본 라면의 신'이라 불리는, 다이쇼켄(大勝軒)의 창업자 야마기시 가즈오(山岸一雄)가 세상을 떠났습니다. 자식도 없고 부인과도 사별한 터라 제자들이 고인의 마지막을 지켰다고 합니다. 다이쇼켄은 라면과 소스를 따로 담아 제공하는 이른바 '쓰케멘(つけ麵)'의 원조입니다. 냉메밀을 소스에 찍어 먹듯 걸쭉한 소스에 잠깐 담갔다가 먹는 라면이 바로 쓰케멘입니다. 야마기시는 살아생전 300명의 제자를 키워냈고 혹독하게 훈련시킨 것으로 유명합니다. 그런데 그들이 독립할 때가 되면 '다이쇼켄'이라 적힌 노렌을 걸

수 있도록 허락해줬습니다. 일본 비즈니스 세계에서 노렌을 쓸 수 있도록 내어주는 것은 장사의 영혼을 물려주는 것과 다름이 없습니다. 이와 같이 동일한 상호의 점포를 낼 수 있게 해주는 것을 '노렌와케(暖簾分け)'라고 합니다. 야마기시는 제자들에게 단 한 푼도 받지 않고 장사의 영혼을 물려준 것입니다.

한편, 회계학에서 노렌은 기업을 매수할 때 지불하는 금액과 매수 대상 기업이 보유한 순자산의 차액, 즉 경영노하우와 브랜드 같은 무형자산을 의미합니다. 또한 스캔들 등으로 인해 신용과 명성에 손상을 입었을 때도 노렌이라는 명칭을 차용해 "노렌에 상처를 입었다"라고 말합니다. 폐업을 할 때 역시 노렌을 접거나 내린다고 표현합니다.

이렇듯 노렌에는 그 기업의 신용, 신뢰, 품격이 담겨 있습니다. 노렌은 브랜드와 기술력, 인적자원, 고객 네트워크 등 눈에 보이지 않는 자산 가치를 뜻하기에 기업의 초과 수익력이라 설명하기도 합니다. 일본에서는 기업의 인수합병 시 노렌을 공식적인 회계 용어로도 사용합니다. 예를 들어 A사가 순자산 100억 원의 B사를 120억 원에 매수했다면, 이 경우 A사는 100억 원 가치의 회사를 20억 원 더 주고 구입한 것이 됩니다. 이 차액 20억 원이 바로 '노렌'인 겁니다. 노렌이 된 20억 원은 A사가 B사 보유의 브랜드와 기술력 같은, 눈에 보이지 않는 가치를 평가해 돈으로 환산한 것이라 볼 수 있습니다. 반대로 인수합병으로 지불한 금액이 매수 대상 기업의 순자산에 미치지 못하는 경우도 있는데, 이때 그 차액을 '부(負)의 노렌'이라 부릅니다. A사가 B사를 90억 원에 매입했다면, 이 경우 B사의 순자산액을 10억 원 덜 지불한 것이므로 10억 원이 '부의 노렌'인 것입니다.

일본만의 고유한 회계기준이긴 하지만 노렌은 대차대조표에서 무형고정자산으로 경리 처리가 되며, 노렌을 20년 이내의 기간 동안 균등하게 감가상각 하도록 정해놓고 있습니다. 앞서 언급한 사례라면 A사의 대차대조표에는 20억 원의 노렌이 무형고정자산으로 계상됩니다. 이 노렌을 20년 동안 감가상각 하는 경우 매년 1억 원씩 '노렌 감가상각'을 계상하여 노렌을 1억 원씩 줄여나가는 것입니다. 이는 기업을 매수할 때 가치가 있었던 브랜드 등의 초과 수익력이 시간이 흐름에 따라 점차 상실된다는 생각을 반영하는 것이기도 합니다.

기업가치는 무형자산에 의해 결정된다

노렌, 즉 기업의 신용과 신뢰를 쌓고 품격을 갖추는 것은 결코 만만한 일이 아니지만 그것을 지키기란 갖추는 것보다도 더 어렵습니다. 노렌을 잘 지키면 그것은 그대로 기업의 영속으로 이어집니다. 물론 기업이 영원히 지속할 수는 없을 겁니다. 하지만 지키겠다는 의지가 있는 것과 없는 것은 결과 차이가 큽니다.

일본은 특히 아주 오랜 기간 그런 기업문화가 축적되어왔기에 끈질긴 생명력을 보이는 기업이 많이 만들어지는 것이라고 생각합니다. 기업가치가 겉으로 드러나지 않는 무형자산으로 존재한다 해도 결코 낮잡아 봐서는 안 되는 이유가 여기 있습니다. 유형자산처럼 눈에 보이는 것보다 겉으로 드러나지 않는 무형자산이 기업의 가치를 한층 더 탄탄한 것으로 만들어주고 있는지도 모릅니다.

너무나도 당연한 말이지만 명품 브랜드가 만들어지려면 수십 년이 넘는 인내의 시간이 필요합니다. 2002년 무렵 필자가 일본 경영 컨설팅 회사에 근무할 때 현대자동차의 제네시스 브랜드 준비 작업을 일본 컨설턴트들과 함께 도운 적이 있습니다. 현대자동차는 일본 토요타자동차의 렉서스 같은 고급 프리미엄 브랜드를 만드는 것이 최종 목표였습니다. 컨설팅을 마무리하는 최종 발표 자리에서 우리 팀은 시장에서 소비자가 인식하는 명품 브랜드가 구축되기까지 적어도 30년은 걸릴 것이라고 이야기했던 기억이 납니다. 제네시스는 현재 그 과정을 밟으며 차츰차츰 명성을 쌓아가고 있는 것으로 보입니다.

주로 유럽 명품에 따라다니는 수식어인 '브랜드'는 그냥 유명하다거나 좋은 물건을 팔고 있다고 해서 얻어지는 것이 아닙니다. 거기에는 기업 고유의 강인한 신념이 있고 그에 대한 고객의 공감이 있습니다. 기업 혹은 기업이 제공하는 서비스에 대한 고객의 공감과 기대에는 꿈과 동경 같은 개인적인 것까지 포함됩니다. 그리고 기업과 고객이 함께 가치관을 공유할 수 있을 때 둘 사이에 신뢰관계가 싹틉니다. 기업은 이러한 기대와 신뢰에 부응하기 위해 노력하고 그 이상의 것을 제공하기 위해 힘씁니다. 이 관계가 오랜 시간 숙성되어야 비로소 기업이 '브랜드'를 확보하게 되는 겁니다.

앞서 노렌 이야기를 통해 확인했듯 장사는 영속적이어야 한다는 일본 고유의 기업문화는 일본이 세계에서 가장 많은 장수기업을 보유하고 있는 현실과 무관하지 않습니다. 이익보다 영속을 더 중요한 목적으로 삼는 기업경영이 주류를 이루었던 일본의 역사가 일본 기업의 지속가능성을 높여주고 있다고 보는 편이 타당할 것입니다.

기본기로 업계 1위

··· 조지루시 ···

지금이야 일본의 소비자가 우리나라 압력밥솥을 쓰는 시대가 되었습니다만, 해외여행 자유화 이전인 1980년대만 해도 일본을 다녀오는 우리 국민들 중에는 일명 코끼리 밥솥을 사 들고 오는 사람이 적지 않았습니다. 그 코끼리 밥솥을 만들던 회사, 조지루시(象印)가 2018년 창업 100주년을 맞았습니다. 외국인 관광객 증가세가 주춤해진 2017년에도 9.2%의 영업이익률을 기록하며 여전히 업계 1위 자리를 지키고 있는 회사입니다. 세계적인 글로벌 전자업체와의 치열한 경쟁 속에서도 업계 1위를 유지하는 조지루시의 비결은 무엇일까요? '오로지 하나의 기술로 승부한다'라는 고집이 그러한 성과를 낳았다고 할 수 있을 것입니다.

사실 1961년부터 쓰기 시작한 '조지루시 마호빙(象印マホービン)'
이 조지루시의 본래 명칭이었습니다. 그 이름에서 알 수 있듯 조지
루시는 따뜻한 물을 담아두면 오래도록 식지 않는 마호빙(魔法瓶),
즉 보온병을 개발한 회사이며, 그때가 1923년이었습니다. 당시 보
온병의 출현은 그 명칭 그대로 마법과도 같은 일이었습니다. 지금
도 조지루시의 본사 1층에는 보온병을 개발해온 역사를 한눈에 볼

조지루시의 본사 사옥 1층에 마련된 '마호빙 기념관'. 일본에서 보온병을 개발하고 진화시켜온 인
물들의 공적, 어려움을 극복하며 발전해온 보온병 업계의 역사 등을 전시품과 함께 소개하고 있다.
자료: <https://www.zojirushi.co.jp/corp/kinenkan/#section07>.

수 있는 기념관이 마련되어 있습니다.

1970년 조지루시는 또 다른 히트상품 '보온밥솥'을 출시했는데, 1만 엔이라는 높은 가격에도 불구하고 전자대리점 사장들이 공장 앞에 트럭을 세워놓고 기다리다 한정된 수량만 받아 갈 정도로 폭발적 수요를 이끌어냈습니다.

진화1 기본에 충실하라

조지루시가 남다른 경쟁력을 가질 수 있었던 비결은 창업 시절부터 이어져온 '기본 중시' 철학에 있습니다. 1918년 '보온병' 제조업체로 창업한 조지루시는 "가전업체가 아니라 가정용품업체"로 자사의 업(業)을 정의합니다. '생활을 만든다'라는 기업이념을 바탕으로 '아무리 최신 기술이라도 업에 직결되지 않는 분야는 연구 범위에 넣지 않는 것'을 원칙으로 하고 있습니다. 그래서 다른 경쟁사가 채택한 것과 같은 스마트폰 연계 등의 기능에는 관심이 없습니다.

전기밥솥을 만들 때도 조지루시는 맛과 편리함에 직결되는 부분에 집중합니다. 조지루시의 전기밥솥 개발 거점인 오사카 공장에서는 새로운 제품을 개발하기 위해 연간 30톤에 달하는 쌀로 밥을 지어보는 과정을 반복하고 있다고 합니다. 일본인 약 6,000명이 한해 동안 소비하는 양을 연구개발에 쓰는 겁니다. 이 과정에서 특히 신경 쓰는 부분은 다양한 품종의 쌀과 물을 잘 조합해 '단맛'과 '점도' 등의 데이터를 추출해내는 작업이라고 합니다. 이를 토대로 대규모 시식회를 개최해 각 지역별로 선호하는 밥맛을 분석하고 제품 개발에도 활용한다고 합니다.

---- **진화2** 탄탄한 기본기가 프리미엄을 만든다 ----

2018년 새롭게 출시한 프리미엄 밥솥 엠부타키(炎舞炊き)는 이런 조지루시의 기술적 노하우가 모두 담긴 결정체라 할 수 있습니다.

밥솥의 고급화를 이끌며 지속적 인기를 누리고 있는 프리미엄 밥솥 엠부타키.
자료: <https://www.zojirushi.co.jp/syohin/ricecooker/sp_contents/nwlb/#container>.

본체 바닥 히터를 3개로 늘려 화력을 4배 높였고, 0.05기압 단위로 제어하는 '압력 튜너'를 탑재해 쌀의 종류나 보존 상태에 따라 조리 방법을 달리할 수 있게 했습니다. 시간이 지날수록 밥맛이 좋아지는 숙성 메뉴부터 식으면 떡을 먹는 것 같은 맛이 나도록 밥을 지을 수 있는 도시락 메뉴까지 밥 짓는 기능만 무려 121가지에 달합니다.

이치카와 노리오(市川典男) 사장은 "생활가전은 매일 사용하는 것이고 맛과 직결되는 기본 기능을 어디까지 높이는지가 관건이기 때문에 가격경쟁에 휩싸이지 않고 판매가 가능하다"라고 강조합니다. 실제로 엠부타키 밥솥은 업계 최고 수준인 12만 엔의 고가이지만 출시 이후부터 지금까지도 호평 속에 큰 인기를 누리고 있습니다.

- - - - 　**진화3** 오로지 하나의 기술로 승부한다　**- - - -**

기본에 충실한 경영 방식은 조지루시를 세계적 기업의 반열에 올려놓았습니다. 보온병으로 시작해, 전기밥솥과 전기포트 시장에서 우위를 점하며 영업이익 100억 엔이라는 기록을 이어가고 있습니다. 하지만 세계적 기업이 되었다고 해도 조지루시는 이 분야 저 분야에 함부로 손을 대지 않습니다. 제품의 기본 기능에 충실하듯 사업을 확장하는 데서도 하이테크를 추구하기보다는 이미 보유한 기술로 어떻게 하면 소비자에게 더 가까이 다가갈 수 있을지를 고민

합니다.

바로 이런 고민에서 탄생한 것이 2012년에 발매한 '이불건조기'입니다. 비교적 습도가 높은 일본에서는 이불을 건조시켜 보관하는 걸 선호합니다. 종래의 이불건조기는 긴 호스는 물론이고 이불 사이로 공기를 주입하기 위해 매트를 깔아주어야 해서 사용이 번거롭다는 단점이 있었습니다. 게다가 기존 제품들은 대부분 전열선 히터를 사용하는 탓에 발화의 위험도 있었습니다. 결국 이불건조기를 사고도 장롱에 방치하는 가정이 적지 않았습니다.

조지루시는 이 점에 주목했습니다. 호스와 매트를 없애 번거로움과 위험성은 줄이고 건조 성능은 좋은 제품을 만든다면 히트 상품이 될 것이라는 발상으로, 헤어드라이어처럼 송풍구를 직접 이불에 끼워 넣는 제품을 만든 것입니다. 조지루시의 이불건조기는 발매하자마자 '압도적으로 편하다'라는 입소문이 퍼지면서 단번에 히트 상품 반열에 오르는 기염을 토했습니다. 경쟁사들도 비슷한 제품을 출시하면서, 연간 40만 대였던 일본 국내 이불건조기 시장이 지금은 100만 대까지 확대되었습니다.

'오로지 하나의 기술로 승부한다'라는 조지루시의 고집은 수익성만 따지지 않고 사회를 위한 좋은 사업을 하는 것으로 이어지기도 합니다. 2001년 시작한 핫라인(Hot-Line) 프로젝트가 대표적입니다. 조지루시는 혼자 사는 노인들에게 문자 발신 기능이 추가된 전기포트를 제공하고, 사용자가 물을 쓸 때마다 미리 정해놓은 사람에게 문자 메시지가 가도록 했습니다. 평소 사용하는 물의 양과 사용 패턴을 파악해 혹시 모를 사고에 대비하기 위함이었습니다. 가령 오전 내내 물을 사용했다는 문자가 오지 않거나, 하루 동안의 물 사용량이 갑자기 줄어드는 이상 현상이 생겼을 때 가족이나 이웃이 이 사실을 금세 알아차리고 재빨리 대처할 수 있는 겁니다. 당시 일본 내에 큰 사회적 이슈로 떠올랐던 고독사 문제를 자사가 가진 기술로 돕고자 하는 마음에서 나온 아이디어였다고 합니다.

조지루시가 세계적인 글로벌 전자업체와 치열한 경쟁을 벌이면서도 줄곧 1위 자리를 지킬 수 있었던 것은 최신 기술로 제품의 화려함을 더하기보다는 기본 성능을 높이는 데 주력했기 때문입니다. 경쟁력 강화 및 타사 제품과의 차별화에 과연 무엇이 필요하고 무엇이 필요 없는지를 냉철하게 따져보는 일이 중요해 보입니다.

24

변하지 않기 위해 변해야 한다

· · · 페리칸 · · ·

〰〰〰〰〰〰〰〰〰〰

1942년에 문을 연 이후 4대를 이어가며 일본 제빵업계의 대표 브랜드로 인정받는 회사가 있습니다. 만드는 것은 식빵과 롤빵, 딱 두 종류이지만, 매일 아침이면 빵을 사려고 몰려드는 사람들로 긴 행렬을 이룬다고 합니다. 두 종류의 빵만 만든다는 것은 일본 제빵업계에서는 거의 찾아보기 어려운 매우 이례적인 일입니다. 동네 조그만 빵집에서 시작하여 지금은 일본 '제빵업계의 자산'이라 불리며 유일무이한 존재가 된 기업, 페리칸(ペリカン)이 그 주인공입니다. 80년을 이어온 페리칸의 치열한 여정 속에서 영속하는 기업의 힌트를 찾아보겠습니다.

"만약 나에게 10 정도의 힘이 있다면 그것으로 100가지 물건을 만들기보다는 딱 하나를 만들겠습니다. 그렇게 집약시켜야 힘을 보다 효율적으로 충분히 발휘할 수 있다고 생각합니다."

페리칸의 2대 사장 와타나베 타오(渡辺多夫)의 말입니다. 수백 종류의 빵이 있어 골라 먹는 재미도 있고 늘 즐겨 먹는 빵이 있기도 한 요즘이지만, 페리칸은 온 힘을 다해 만들 수 있는 빵에만 집중합니다. 롤빵과 식빵이 그것인데, 그 형태와 크기가 조금씩 다른 점을 감안하더라도 채 10가지가 넘지 않습니다. 하지만 빵을 만드는 방

●

페리칸의 창업자는 이웃 빵집을 만나면 언제나 반갑게 인사하면서도 어딘가 불편한 마음이 들어, 그들과의 경쟁을 피하고자 딱 2가지 빵만 만들기로 결심했다. 단, 그 2가지 빵만은 다른 어느 빵집보다 맛있게 만들어보겠다고 다짐했다고 한다.
자료: <https://www.bakerpelican.com/menu.html>.

법은 시대 흐름에 따라 변해왔을 뿐 아니라 여름과 겨울에 원료를 배합하거나 반죽하는 정도도 다릅니다.

무엇보다도 다른 빵집과의 불필요한 경쟁을 피하고자 페리칸은 사업 초창기부터 식빵과 롤빵만 만들고 있습니다. 빵의 맛과 기업 경영의 철학을 온전히 지켜나가기 위해 애쓰면서, 자신의 기준을 세상에 그대로 적용하기보다는 세상의 변화에 발맞춰 더 큰 발전으로 나아가는 회사, 바로 페리칸입니다.

---- **진화1** 나쁜 경쟁은 피한다 ----

빵집을 처음 연 부친의 뒤를 이어 아들이 가업을 물려받았습니다. 제2차 세계대전 직후 대학을 졸업한 와타나베 타오 사장입니다. 당시 일본에서는 식생활이 서구화하면서 동네에 우후죽순 빵집이 들어섰고, 1950년 무렵에는 시장이 포화 상태에 이르렀습니다. 과열 경쟁에 휩쓸리지 않고 안정적으로 장사할 방법을 고민하던 와타나베 타오 사장은 여러 종류의 빵을 팔지 않고 호텔과 카페에 도매로 납품하는 식빵과 롤빵 생산에 집중하기로 결정합니다.

지금은 매출의 약 70%가 소매 판매이지만, 나머지 30%의 매출은 여전히 고급 호텔과 백화점에서 발생하고 있습니다. 그래서 점포 앞에 줄을 섰는데도 빵을 사지 못한 고객들은 페리칸이 납품하는 호텔과 백화점을 일부러 찾아가기도 합니다. 그날 빵이 다 팔리면 가게 문을 닫기 때문입니다. 페리칸이 하루 동안 가게에서 파는 빵은 식빵이 5,000개, 롤빵이 4,000개입니다. 2가지 빵에 집중하기로 결정한 이후 페리칸은 단 한 번도 그 이외의 다른 빵을 만들겠다는 생각을 한 적이 없다고 합니다.

진화2 변하지 않기 위해 변한다

이미 일본 제빵업계에서 탄탄한 브랜드를 구축했고 전국적으로 높은 인지도를 자랑하기 때문에 비즈니스를 확대할 가능성도 얼마든지 있어 보이지만, 페리칸은 감당할 수 있는 양 이상은 절대 만들지 않는다는 철칙을 줄곧 고수해왔습니다. 현재 페리칸을 이끌고 있는 와타나베 리쿠(渡辺陸) 4대 사장은 말합니다.

"증조부가 만든 레시피 그대로 지금의 도쿄 아사쿠사(浅草) 공장의 가마에서 굽지 않으면 페리칸의 맛이 나지 않습니다. 페리칸의 빵맛이 나지 않는다면 장사를 크게 벌리는 것이 아무런 의미가 없습니다. 그래서 빵을 굽는 분량이 정해져 있고 판매량도 제한합니다. 사고 싶을 때 사지 못하는 손님들에게 정말 미안할 따름입니다."

그러면서도 이렇게 덧붙입니다.

"비즈니스 수법은 시대에 맞게 조금씩 바꾸지 않으면 '변하지 않는 맛'을 지속해서 전달하기 어렵습니다. 2017년 어머니의 주도하에 도쿄 시내에 페리칸의 빵을 먹을 수 있는 카페를 오픈했는데, 이 역시 미래를 준비하는 포석이었습니다."

철칙을 지키면서도 트렌드에 맞는 다양한 비즈니스 전략을 펴고 있음을 밝힌 것입니다. '아사쿠사의 페리칸'이라는 브랜드의 중요성을 생각해서 내린 결정이지만, 실제 경영을 관리하는 차원에서는 '변하지 않기 위해 변한다'라는 역설을 실천한 것이라 볼 수 있습니다.

진화3 실패에서 먼저 배운다

페리칸에도 힘든 시기는 있었습니다. 버블경기가 한창이던 1980년대 후반, 매출이 지금의 절반으로 줄어드는 위기를 맞았던 겁니다. 화려한 호황에 가려 시대에 뒤진 촌스러운 빵으로 여겨진 탓입니다. 그나마 일정 규모의 매출을 유지할 수 있었던 것은 단골 거래를 하던 레스토랑과 카페 덕분이었습니다.

악화일로를 걷던 페리칸은 1990년대 후반 TV 프로그램에 소개되면서 손님들의 발길이 돌아와 매출이 올라갔습니다. 고객층에 변화가 나타났고 빵 애호가는 물론 관광객도 점포를 방문하기 시작했습니다. 이후 페리칸의 가치를 알아본 사람들에 의해 영화가 제작되었고 회사의 성장 과정을 담은 책도 출간되었습니다. 그야말로 일본 제빵업계에서 독보적 위치를 차지하게 된 것입니다.

와타나베 리쿠 사장은 "빵을 만드는 장인의 중요한 능력 중 하나는 '평상시와 다른 것'에 대한 대응 능력"이라고 말합니다. 본인 역시 제빵을 배우는 과정에서 실패하는 것부터 배웠다고 합니다. 소금을 넣지 않은 빵을 먹어보고서야 소금의 중요성을 깨닫고, 발효를 과하게 한 빵을 만들어보고서야 발효의 적당한 정도를 배웠다는 것입니다.

페리칸은 유행이 지나도 '변하지 않는 맛'으로 고객 곁에 있기 위해 사람들의 눈길이 미치는 범위 내에서 작은 변화를 적극 시도해나가는 길을 선택한 것으로 보입니다. 그렇게 상황에 따라 적절히 가감하며 관리하는 것이 작지만 강한 기업으로 살아남기 위한 페리칸 특유의 생존 전략이 아닌가 합니다.

종업원 평균 나이 약 38세, 퇴사하는 직원이 거의 없을 만큼 인력과 조직문화 측면에서도 건강한 모습을 보여주는 페리칸, 이제는 그 역사를 이어나갈 후계자들을 양성하는 데 집중하고 있다고 합니다. 페리칸이 이후로도 100년 이상 브랜드를 유지해나갈 것이 확실해 보이는 이유입니다.

25

비결은 '지식의 탐색'

··· 미쓰보시 게이토 ···

원단업체 미쓰보시 게이토(三星毛糸)가 특히 주목받은 것은 후계자가 사업을 이어받으면서 가업을 다시 우뚝 일으켜 세웠기 때문입니다. 1세대 창업자의 고령화와 산업구조 재편 등으로 최근 일본 중소기업의 최대 이슈로 사업계승 문제가 부각되고 있습니다. 가업을 승계한 이후 이탈 경영으로 어려움에 빠지는 중소기업이 적지 않은 탓입니다. 하지만 한편에선 파격적 변신으로 2세 경영에 성공하는 사례도 늘어나고 있습니다. 미쓰보시 게이토가 바로 그런 경우입니다.

미쓰보시 게이토에서 혁신을 주도하고 있는 인물은 5대 사장으로 취임한 이와타 신고(岩田真吾)입니다. 부임한 지 8년 만에 자사 브랜드를 구축하고 기존 기술에 새로운 경영방식을 접목해 실적을 획기적으로 끌어올리고 있습니다. 특히 추락하는 가업을 다시 일으켜 세운 과정이 주목을 받았습니다.

일본의 섬유 생산량은 버블경제 시기였던 1990년을 정점으로 줄어들기 시작해 2010년대 후반에는 생산 규모가 10분의 1 정도로 감소했습니다. 미쓰보시 게이토를 비롯해 일본을 대표하는 섬유기업들이 모여 있는 '비슈(尾州) 산지'를 보더라도 4,000곳이 넘던 원단 생산업체가 지금은 100여 곳으로 줄어든 채 가까스로 명맥을 유지하고 있습니다. 이런 상황에서 미쓰보시 게이토는 지금도 일본 국내는 물론 세계의 명품 반열에 올라 고급 브랜드 명성을 이어가고 있습니다.

- - - -　　　중요하게 생각하는 3가지　　　- - - -

미쓰보시 게이토는 100년을 넘어 지속가능한 기업을 꿈꾸며 '사람과 소재의 멋진 관계'를 만드는 것을 목표로 하고 있고, 이를 실현하고자 3가지 행동지침을 정해놓고 있습니다.

첫째는 프로페셔널 의식을 강조합니다. 전문지식은 끝이 없는 것이기에 겸허한 자세로 늘 학습해야 한다고 강조합니다. 자기 일에 자긍심과 책임을 가지고 마지막까지 끈기 있게 완수하기 위함입니다. 둘째는 팀워크를 중요시합니다. 혼자 일할 수는 없는 것이기에 사내·사외를 불문하고 자신과 관련 있는 모든 이를 존중하는 마음으로 소통할 것을 주문합니다. '누구나 어려운 일을 만나게 마련'이라는 배려심으로 협업해야 한다는 것입니다. 마지막으로 셋째는 즐겁게 일하는 것을 이야기합니다. 변화에 능동적이고 전향적으로 맞서면서 기꺼이 새로운 도전을 시도해야 한다는 것입니다.

진화1 지식의 탐색

일본의 섬유산업은 전반적으로 사양화 추세인 것이 현실입니다. 그럼에도 미쓰보시 게이토는 회사를 비약적으로 성장시켰는데, 그 첫 번째 비결은 '지식의 탐색'이었습니다. 지식의 탐색이란 눈앞의 세상이 아니라 먼 미래를 내다보며 지식과 경험을 쌓아가는 것을 말합니다. 경영학에서는 '지식의 탐색'을 이노베이션의 필수 조건으로 봅니다. 이와타 사장은 갑자기 사업을 이어받은 것이 아니라 그 이전부터 착실히 경험을 쌓았으며, 바로 이것이 미래를 위한 '지식의 탐색'에 해당한다고 볼 수 있습니다.

이와타 사장은 명문 사립 게이오대학을 다녔는데 재학 중 동아리 대표를 맡으며 조직의 리더로 활동하는 즐거움을 깨닫게 되었다고 합니다. 대학 졸업 후 미쓰비시(三菱)상사에서 2년을 일했고, 보스턴

컨설팅그룹(BCG)으로 전직해 3년간 경영컨설팅을 하며 거시적 관점에서 비즈니스를 접할 수 있었습니다. 이러한 다양한 경험이 전문성을 갖춘 경영인으로 성장하는 데 밑거름이 되어준 것입니다.

`- - - -` **진화2** 경영인의 직감 `- - - -`

사실 이와타 사장이 사업을 이어받았을 당시의 경영 상황은 회사의 전성기 때와는 너무나도 달랐습니다. 종업원 수가 전성기 시절의 10분의 1로 줄어들어 있었고 원단산업 자체가 쇠퇴기로 접어들고 있었습니다. 도쿄에서 화려한 경력을 쌓아가던 이와타 사장 입장에선 보장된 길을 버리고 사양산업에 뛰어드는 일이라 결코 쉽지 않은 선택이었을 겁니다. 이와타 사장은 당시의 결심을 이렇게 설명합니다.

"이제는 돌아오라는 아버지의 말에 따르는 것이 아니라, 스스로 결심하는 것이 중요하다고 생각했습니다. 규모가 축소되기는 했지만 지속가능한 회사를 만들겠다는 아버지의 의지를 믿고 있었고, 당시 도산하는 섬유업체가 많은 상황에서 회사가 생존했다는 것만으로도 분명 빛나는 무언가가 있는 것이라 확신했습니다."

그의 직감이 맞았습니다. 미쓰보시 게이토에는 풍부하고 질 높은 경영자원이 있었습니다. 바로 최고의 원단을 짤 수 있는 직물기계와 그 기계를 조작하는 베테랑 숙련공의 기술력, 그리고 높은 품질을 가능하게 하는, 현지에서 나는 양질의 풍부한 용수였습니다. 이와타 사장은 이 3가지 강점을 십분 활용해 자사 원단의 품질 개선에 집중했습니다.

- - - - **진화3** 밸류체인의 통합 - - - -

미쓰보시 게이토의 재기를 가능케 한 또 다른 비결은 밸류체인 통합에 있습니다. 섬유·의류 업계에서 밸류체인은 각각의 단계가 명확히 구분되어 있는 것이 보통입니다. 그리고 소비자가 의류업계와 만나는 접점은 옷을 판매하는 각각의 브랜드입니다. 하지만 한 벌의 옷이 만들어지기까지는 업계에서 여러 단계를 거쳐야 합니다. 의류를 봉제하는 의류업체가 있고, 이들 기업이 사들이는 원단을 만드는 직물·가공업체가 있으며, 실을 만드는 방적업체도 있습니다.

그동안 직물·가공업체로서 미쓰보시 게이토는 의류 봉제업체에 납품을 해왔습니다. 하지만 이제 원단을 소비자에게 직접 판매하는 길을 선택하면서 오랜 전통이던 섬유업계의 밸류체인을 통합했고, 크라우드펀딩으로 도쿄에 원단을 판매하는 직영점을 오픈하기도 했습니다. 소비자가 옷감의 촉감을 직접 확인하고 구매할 수 있도록 한 것입니다. 이로써 소비자는 구매한 옷감을 미쓰보시 게이

토가 소개하는 맞춤 양복점으로 가져가 슈트 등을 만들 수 있게 되었습니다.

여기서 한발 더 나아가 미쓰보시 게이토는 직접 판매하는 완제품 생산에도 뛰어들었습니다. 별도의 봉제 과정이 필요 없는, 최고급 울과 기모 실크 원단을 사용한 스톨(stole)을 상품화해 직영점과 명품 백화점에서 팔기 시작한 겁니다. 이 스톨은 3만 엔이 넘는 고가임에도 매출이 해마다 증가하고 있습니다. 유명 패션잡지에 여러 차례 소개되며 히트 상품이 되었다고 합니다. 2015년에는 자사 옷감으로 상품화한 자사 브랜드 'MITSUBOSHI 1887'을 발표하기도 했습니다.

미쓰보시 게이토의 이런 노력은 곧이어 해외에서도 브랜드가 알려지는 결실을 맺었습니다. 2012년 파리에서 열린 세계 최대 패션 직물 박람회 프리미에르 비종(Première Vision Paris)에 미쓰보시 게

이토가 원단을 출품했는데, 거기서 이탈리아 최고급 슈트 브랜드
에르메네질도 제냐(Ermenegildo Zegna)의 눈에 들게 된 겁니다. 그
후 제냐는 'made in Japan' 컬렉션을 론칭했고, 여기에 미쓰보시
게이토의 옷감을 채택했습니다.

이와타 사장은 앞으로 '원모(原毛)'를 위해 양을 키우는 단계부터
의류 완제품까지 밸류체인을 완비하겠다는 원대한 목표를 세우고
있습니다. 미쓰보시 게이토가 위기 극복을 넘어 놀라운 혁신을 보
여줄 수 있었던 것은 다양한 영역에서 '지식의 탐색'을 한 이와타 사
장이 그 지식을 더욱더 심화해나갔기 때문일 것입니다. 자신이 얻
은 지식을 업에 맞게 개량, 응용, 적용한 덕분에 지금의 성공을 이
룰 수 있었을 것입니다. 미쓰보시 게이토를 이끌고 있는 이와타 사
장이 또 어떤 지식을 탐색하며 놀라운 진화를 이어나갈지 기대해봐
도 좋을 것 같습니다.

일본 한방의학의 선구자

· · · 쓰무라제약 · · ·

일본은 근대화가 한창이던 1875년 의술개업시험제도에서 한의학이 제외되었고, 이때 공식적으로 '한의사'라는 직업이 사라졌습니다. 하지만 이런 열악한 상황에도 불구하고 무려 130년 가까이 일본 한방의학의 부활을 위해 힘써온 기업이 있으니, 바로 쓰무라(ツ ムラ)제약입니다. 일본 한방의학의 쇠퇴와 태평양전쟁 등을 겪으면서도 장구한 시간을 버텨온 이 기업은 서양의학의 득세와 함께 침체됐던 일본 한방제제 시장에서 현재 점유율 80%를 자랑하고 있습니다.

　1893년 창업한 쓰무라제약의 역사는 한마디로 고난의 역사라 해
도 과언이 아닙니다. 첫 번째 고난은 창업 2년 만에 찾아왔습니다.
메이지유신과 함께 시작된 개화 열풍이 의약품 시장에도 영향을 미
친 겁니다. 일본의 신정부는 독일의학 등 서양의학을 의학의 중심에
두었고, 1895년 일본 제국의회에서 발의된 '한의계속원(韓醫繼續願)'
이 부결되면서 한방의학은 단숨에 쇠퇴의 나락으로 떨어졌습니다.

　어머니의 고향에 대대로 전해 내려오던 '추죠토(中將湯)'의 약효에
대해 자신감을 갖고 있던 쓰무라제약의 초대사장 쓰무라 시게샤(津
村重舍)는 한방제제 사업을 접는 대신, 다양한 방법을 동원해 제품
알리기에 나섭니다. 도쿄 시내 유력 신문에 53회에 달하는 광고를
게재한 데 이어 애드벌룬, 일루미네이션, 전기식 점멸 간판 등 당시

●● 1897년 쓰무라제약에서 출시한 일본 최초의 입욕제 추죠토.
　　자료: <https://www.tsumura.co.jp/corporate/history/1893.
　　html>.

로서는 파격적이며 신기한 선전 방식을 연이어 선보였습니다. 이와 동시에 연구소와 약초원을 개설하며 한방의학의 복원을 위해 노력했습니다.

진화1 시대 변화 속에 답이 있다

그러나 또다시 고난이 찾아옵니다. 1941년 태평양전쟁이 일어나 본사 건물이 전소되면서 존폐 위기를 맞은 겁니다. 그로부터 11년이 지난 1952년, 각고의 노력 끝에 새로운 사옥을 지은 쓰무라제약은 재기의 기회를 포착합니다.

당시 일본은 고도 경제성장기에 접어들고 있었습니다. 주택에 목욕시설 보급이 늘어나고 있다는 데 주목해 한방입욕제 바스크린(バスクリン)을 출시한 겁니다. 사실 바스크린이 상품화되기 전부터 이미 쓰무라제약 직원들 사이에서는 약초 성분을 추출하고 남은 폐수가 피부에 좋다는 사실이 널리 알려져 있었습니다. 직원들이 약초추출 후 남은 폐수를 퇴근길에 가져가 사용하는 일이 잦아지자 그효과를 좀 더 보강해 상품화한 것이 바로 바스크린이었습니다.

이 제품이 크게 인기를 끌면서 드디어 재기에 성공한 쓰무라제약은 이후 1976년 '의료용 한방제제 33처방'이 약가기준에 수록되고 건강보험 적용 의약품으로 의료 현장에서 사용되면서 일본을 대표

하는 한방제제 전문 기업으로 부상합니다. 1982년에는 도쿄증권거래소 1부에 상장하며 탄탄한 기업경영의 기반을 마련하게 됩니다.

----   　**진화2** 제대로 알려야 팔린다   ----

그러나 연이은 성공이 독이 되었던 것일까요? 1980년대 후반 지나친 속도전으로 진행한 사업다각화가 쓰무라제약의 재무 상황을 악화시켰습니다. 1992년 3월 결산에서 매출 1,375억 엔, 32억 엔의 적자를 낸 쓰무라제약은 이후 3년 연속 적자경영을 이어가게 됩니다. 쓰무라제약은 일본 제일의 제약사 상무를 사장으로 영입하여 경영재건에 나섰으나 그 무렵 의료용 한방제제 부작용 관련 보도가 나오면서 시장 분위기가 악화되자 창업 이래 최악의 궁지에 몰리게

됩니다. 결국 2001년 3월 결산에서는 매출액 738억 엔, 영업손실 194억 엔으로 역대 최대 규모의 적자를 기록하고 맙니다.

창사 이래 최대의 경영위기를 타개하고자 쓰무라제약은 우선 자회사 정리와 채무 감축에 나섰습니다. 하지만 더 시급한 것은 부작용 보도로 인해 전반적으로 나빠진 한방제제 기업 이미지를 회복하는 일이었습니다. 사실 부작용 보도가 확대된 것은 '한방은 부작용이 없다'라는 잘못된 인식이 빚어낸 결과이기도 했습니다. 이런 인식을 바로잡고자 쓰무라제약은 의사들을 대상으로 한방제제에 대한 정보 제공 의무를 강화했습니다. 한방의학 입문 세미나를 개최하는 한편 의대 커리큘럼에 한방의학 수업을 확충하고자 노력한 결과, 차츰 의료용 한방제제의 보급 또한 확대되었습니다.

한편, 한방제제의 약효 입증에도 힘써 한방의약품을 사용하는 의사가 늘어나면서 경영실적이 순조롭게 개선되었습니다. 그리하여 2004년 3월 결산에서는 매출액 821억 엔, 영업이익 84억 엔을 기록하며 흑자 경영을 회복하였고, 2021년 3월 말 기준으로 매출액 1,308억 엔을 기록했습니다.

현재, 2021년에 취임한 6대 사장 가토 데루카즈(加藤照和)가 이끌고 있는 쓰무라제약은 높은 시장 점유율을 유지하며 꾸준한 성장을 이어가고는 있지만, 또 다른 어려움에 봉착해 있습니다. 중국산 원재료 가격의 상승으로 제조원가 비중의 압박이 커지고 있고, 처방이나 규정 차이 등으로 비동양권 시장 개척에서 난항을 겪고 있기 때문입니다. 그동안에도 여러 번 고난을 이겨내며 130년 가까이 버텨온 쓰무라제약이 이번에는 또 어떻게 난관을 극복해낼지 그 진화 과정을 유심히 지켜봐야 할 것 같습니다.

건축자재 업계의 이단아

· · · 산와컴퍼니 · · ·

일본의 주택자재 업계는 유통경로가 복잡하기로 정평이 나 있습니다. 유통과정이 투명하지 않아 웬만해서는 그 구조를 파악하기가 어렵습니다. 무엇보다도 비용구조를 도무지 알 수가 없어 제품 가격에 대한 불만이 소비자 사이에서 적지 않습니다.

이렇듯 불투명하고 까다로운 업계에서 제조만이 아니라 소매 판매까지 하며 승승장구하는 기업이 있습니다. '건축자재 업계의 이단아'라고 불리는 산와컴퍼니(サンワカンパニー)입니다. 이전까지 당연한 것으로 치부되던, 낡고 케케묵은 업계 관행에서 과감하게 벗어나 그 불합리성을 세상에 알린 기업으로 칭송을 받고 있기도 합니다. 제품을 만드는 것도 중요하지만, 제품을 파는 방법을 달리하

면 새로운 기회를 만들 수 있다는 것을 증명해 보인 기업입니다.

산와컴퍼니의 첫 번째 강점은 디자인입니다. 멋진 공간을 제공하려면 세련된 디자인의 제품이 없어서는 안 된다고 믿고 있으며, 산와컴퍼니의 이러한 디자인 역량은 각종 수상 경력으로 입증되고 있습니다. 두 번째는 특별한 건축자재를 쓴다는 점인데, 산와컴퍼니만의 독창적 공간을 실현시키기 위해 주방, 세면대, 욕조 등을 자사가 개발한 제품으로 차별화하고 있습니다. 세 번째는 업계 최초로 실현시킨 '원 프라이스 전략'으로, 바로 이 강점에 힘입어 산와컴퍼니는 건축자재 제조 및 유통 분야에서 혁신의 아이콘으로서 명성을 떨치고 있습니다.

- - - -　　　　　진화1 관행에서 탈피하라　　　　　- - - -

산와컴퍼니를 다른 건축자재 회사와 가장 차별화시키는 부분은 '원 프라이스 전략'입니다. 사실 건축자재는 복잡한 유통경로를 거쳐서 최종소비자에게 전달되기 때문에 중간 마진 등의 비용을 파악하기 어렵고, 업체마다 가격이 크게 다릅니다. 그런데도 그동안 건축자재 업계에서는 이를 그저 당연한 과정으로 받아들여왔습니다.

산와컴퍼니는 이 해묵은 관행에서 새로운 기회를 포착했습니다. 즉, 이 관행에서 탈피함으로써 더 나은 도약이 가능하다는 깨달음을 얻은 것입니다. 산와컴퍼니는 온라인 판매 사이트를 구축해 직접 판매하는 시스템을 도입했고, 이로써 산와컴퍼니의 고객들은 언제나 같은 가격에 제품을 구입할 수 있게 되었습니다. 한마디로 말해 '투명회계'를 실현한 것입니다.

산와컴퍼니의 또 다른 혁신 사례는 컨테이너 하우스 브랜드 '클라스코(CLASCO)'입니다. 화물을 운반하는 컨테이너를 주택과 상업 시설로 개량한 것으로 가동성(可動性)이 좋고 리뉴얼이 가능하다는 것도 큰 장점입니다. 지진이나 해일 같은 자연재해가 빈번한 일본의 지리적 특성상 산와컴퍼니의 컨테이너 하우스는 매우 각광받고 있습니다. 실제로 동일본대지진 복구 사업에 기증되어 호평을 얻었습니다. 2020년 11월에는 코로나19로 병실 부족을 겪던 미야자키대학병원에 클라스코 8개 동을 환자 간병인과 가족이 머물 수 있는 공간으로 제공했습니다.

최근 산와컴퍼니는 디지털 비즈니스로 전환하기 위해 글로벌 시장 강화, 브랜드 강화, 데이터 활용 등 3가지 전략을 설정하고 이를 통해 경영효율화를 달성하겠다는 계획을 세우고 있습니다. 일본의 인구 감소에 따라 주택 착공 수도 줄어들 터이므로 향후에는 자사의 시장을 환태평양 권역으로 확대 전개해나가는 것이 지속성장의 관건이라 판단하고 있기 때문입니다. 유럽의 디자인과 일본의 품질, 그리고 가격경쟁력이 더해지면 일본을 넘어 아시아 시장에서도 충분히 승산이 있다고 보는 겁니다. 그러한 전략에 따라 2016년 타

산와컴퍼니는 컨테이너 하우스를 한층 세련된 생활공간으로 재탄생시켰다. 컨테이너라고 생각하기 어려울 정도의 고급스러운 인테리어로 각광을 받으면서 클라스코 브랜드는 주택으로서는 물론이고 상업용 시설로서도 그 수요가 크게 증가하고 있다.

자료: <https://www.sanwacompany.co.jp/shop/app/products/clasco/>.

이완에 쇼룸을 개설했으며, 2018년에는 아시아 기업 최초로 이탈리아 밀라노의 살롱 디자인 어워드(Milano Salone Design Award)에서 수상하기도 했습니다.

산와컴퍼니가 일으킨 혁신의 중심에는 2대 사장 야마네 다로(山根太郎)가 있습니다. 일본의 대표 종합상사 이토추상사에 다니던 그는 2013년 아버지가 갑작스레 사망하면서 회사를 그만두고 가업을 잇게 되었습니다.

야마네 사장이 회사를 맡고 나서 보니, 선대 사장이 모든 것을 도맡았던 탓에 현장에서 인재가 육성되지 못한 상황이었습니다. 심지어 인사하기나 시간 엄수 같은 기본 규범조차 제대로 지켜지지 않는 분위기였다고 합니다. 거기에다 임원들의 개인주의 성향 또한 강해서 조직 간 융화가 이루어지지 않았으며, 그러다 보니 전사적 경영체제는 꿈도 꿀 수 없었습니다. 고심하던 야마네 사장은 2015년 사원총회 자리에서 모든 임직원에게 선언합니다.

"우리는 약체 학교지만 이제 전국 규모 대회에 출전할 겁니다. 같이 갈 준비가 안 된 사람은 지금 바로 이 배에서 내려갔으면 합니다."

그러고는 회사의 모든 것을 교체하는 과감한 개혁에 착수합니다. 그중 하나가 '토익 650점', '부기 3급' 등의 자격을 취득하지 않으면 더 이상 정규직 유지가 안 되도록 직원 인사제도를 개편한 것입니다. 글로벌 시장에서 살아남는 건축자재 업계의 SPA(Specialty Store Retailer of Private Label Apparel)가 되기 위해 필요한 '자질'과 '각오'를 묻는 한편, 엄격한 기준을 확인시킨 것이었습니다. 전사적 비전을 제시하고 낡은 체질을 일신하겠다는 굳은 결의를 표명한 것이기도 했습니다. 결국 직원의 40%가 퇴사하여 남아 있는 고참 직원은 10여 명에 불과하게 되었습니다.

제2의 창업을 내세우는 후계 경영인은 보통 등장과 함께 끊임없이 비전을 밝히면서 직원들의 마인드를 점차 바꿔나가 자신이 새로 세운 목표를 달성하는 방식을 주로 택합니다. 말하자면 '세뇌형' 전략입니다. 하지만 야마네 사장이 선택한 방식은 이와는 전혀 다른 것으로, 말하자면 '선별형' 전략이었습니다. 강력한 비전을 제시하고 함께할 의지가 없는 직원은 스스로 떠나게 하고, 남아 있는 직원들이 성공의 토대 역할을 하도록 만드는 방식입니다.

과감한 개혁 후 산와컴퍼니는 새로운 인력을 채용하여 회사의 주축을 삼았고 이들의 성장으로 현재는 200명대의 중견기업이 되었습니다. 야마네 사장은 '회사의 문화를 만드는 것은 신규 직원'이라는 신념을 갖고 있습니다.

- - - -　　　**진화3** 정당성의 확보　　　　　- - - -

야마네 사장이 개혁을 단행할 당시 회사에는 또 하나 넘어야 할 산이 있었습니다. 바로 고참 연장자 직원들이 야마네 사장이 시작한 개혁 작업에 대해 정당성을 인정해주지 않는 것이었습니다. 오랜 시간 재직해온 그들에게 이제 갓 입사한 어린 사장이 못 미더운 것은 어쩌면 당연한 일이었습니다.

갈등을 해결하고자 야마네 사장은 2016년 관리 전문가인 현재의 부사장을 스카우트했습니다. 그는 야마네 사장이 상하이에서 일할 때 알던 인물이었습니다. 국내 업무뿐 아니라 해외 업무에도 경험이 풍부한 부사장은 입사 후 야마네 사장과 고참 직원들 사이에서 다리 역할을 해주었으며, 그의 역할에 힘입어 고참 직원들도 경영진을 신뢰하게 되었다고 합니다.

가업승계에 있어 가장 어려운 과제 중 하나가 바로 '사람'입니다. 특히 젊은 경영자가 가업을 이어받을 경우 자신보다 나이도, 경력도 많은 회사의 중역이나 고참 기술자들과 갈등을 겪는 일이 적지 않습니다. 그저 더 많은 급여를 지급한다든지, 멋진 비전을 내세운다든지, 혹은 지위로 억누르는 것만으로는 안 됩니다. 이는 도리어 그간 회사의 주축이었던 그들을 적으로 만드는 일일 뿐입니다. 승계도, 혁신도 사람의 마음을 얻는 일부터 시작해야 한다는 것을 야마네 사장과 산와컴퍼니가 보여줍니다.

위기를 벗어나는 결단력

· · · 무라카미농원 · · ·

몇 년 전 일본 주부들 사이에 화제가 된 건강 채소가 있습니다. '브로콜리 슈퍼 스프라우트(Sprout)'라는 것인데, 브로콜리 새싹에 들어 있는 '설포라판(sulforaphane)' 성분을 극대화해 상품화한 것입니다. 암 예방은 물론 헬리코박터균의 제균, 꽃가루 알레르기 억제, 간 장애 억제 등의 효과가 있다고 합니다.

브로콜리 슈퍼 스프라우트는 일본의 기능성 채소 전문 기업 무라카미농원(村上農園)이 최초로 개발했습니다. 1999년 먼저 '브로콜리 스프라우트'의 생산을 시작했고, 2001년에는 설포라판 함량이 일반 브로콜리의 약 20배에 달하는 브로콜리 슈퍼 스프라우트를 내놓았습니다. 이 제품이 건강 채소로 인기를 끌면서 2019년 기준 109억

무라카미농원의 홈페이지 화면. 개성적인 색과 모양, 풍미를 지닌 새싹 허브들을 보여준다. 무라카미농원은 무농약으로 새싹 허브를 재배하며 화학비료는 안정적 품질을 위해 일반적으로 수경재배에서 추천하는 비료 구성에 따라 적정한 농도로만 사용한다.
자료: <https://www.murakamifarm.com/products/microherbs/>.

엔 매출을 올렸습니다. 일본에서 버섯과 모야시(곡류 등의 씨를 그늘에서 발아시킨 콩나물·숙주 등) 이외의 채소로 100억 엔이 넘는 매출을 올린 것은 처음 있는 일이었습니다. 이렇듯 무라카미농원은 기능성 채소로 업계의 신화를 써 내려가고 있습니다.

- - - -   진화1 새싹으로 틔운 성공   - - - -

1965년 창업해 회 요리에 곁들여지는 작은 잎을 재배하던 무라카미농원은 1978년 당시 고급 식재료였던 무 새싹 재배를 시작하면서 성장했습니다. 특수한 틀을 사용한 수경재배 농법을 독자 개발하여 가격을 낮추고 일반 가정용 채소로 출하하는 데 성공한 것입니다. 소비자의 호응에 힘입어 무 새싹은 급속하게 확산되었고, 초밥집의 필수 채소로 사용되면서 무라카미농원의 매출도 순조롭게 증가했습니다.

1980년대부터 시장 진입자의 증가로 가격경쟁이 치열해지자 무라카미농원은 도산 기업의 시설을 인수하며 사업규모를 확대합니다. 나아가 수확에서 포장에 이르는 전 과정을 기계화해 비용 절감을 추진하는 한편, 품질 향상을 위해 미국 오리건주에 종자 생산 회사를 설립한 뒤 거기서 양질의 종자를 수입해 무 새싹 시장을 장악해나갔습니다.

진화2 버릴 때는 과감하게

하지만 1996년에 위기가 찾아옵니다. 일본 전역에 병원성 대장균 'O-157'을 원인으로 하는 집단 식중독이 발생하면서 무 새싹이 주원인으로 의심을 받은 것입니다. 연일 매스컴 보도가 이어지면서 농원의 매출은 급감했고, 결국 7곳의 농원 중 4곳의 조업이 중단되면서 직원 절반이 6개월 동안 휴직 상태에 들어가야 했습니다.

갑작스러운 위기 앞에서 무라카미농원은 용감한 결정을 내립니다. 주력 상품인 무 새싹 대신 시험재배 단계에 있던 완두 새싹을 본격 생산하기로 한 겁니다. 조업 중단으로 생긴 공간을 완두 새싹 재배 시설로 채우고, 판매를 위한 전사적 판촉에 돌입했습니다. 청과물 시장 출하 대신 양판점에서 직접 소비자와 만나는 시식 판매 방식을 도입한 결과 1998년부터는 완두 새싹이 무 새싹 매출을 뛰어넘어 회사의 재건에 결정적 기여를 합니다.

1993년 입사한 현재 사장 무라카미 기요타카(村上清貴)가 이 모든 일을 기획한 주인공입니다. 그는 당시 매출의 절반에 해당하는 큰 자금을 투자하여 야마나시현에 국내 최대 규모의 완두 새싹 생산센터를 마련했습니다. 또한 파종에서 수확까지 전자동으로 운영이 가능한 최신 시스템을 네덜란드에서 수입했습니다. 이 시스템은 기온과 일조량을 감지하고 차광과 보온커튼을 자동으로 제어하여 최적의 재배 환경을 유지할 수 있었습니다.

이후 무라카미 사장은 '위탁생산 채소' 사업에도 뛰어들었습니다. 판매를 장담할 수 없는 상품에 설비투자를 하는 대신, 무라카미농원에서 기획한 채소를 농가가 맡아서 생산한 뒤 무라카미농원 브랜드로 판매하는 방식을 택한 겁니다. 당시만 해도 흔치 않았던 루꼴라 등 허브 틈새시장을 공략하려는 것이었습니다.

심각한 경영위기를 이겨낸 무라카미농원은 계속해서 진화를 이어갑니다. 1997년 미국 존스홉킨스 의대 연구진은 브로콜리 새싹에 포함된 설포라판에 암 예방 효과가 있다는 발표를 했습니다. 미국 현지법인을 통해 이 소식을 들은 무라카미 사장과 경영진은 일본 내 특허사용권을 얻기 위해 설포라판 라이선스를 가진 예방의학 연구의 권위자인 존스홉킨스 의대의 폴 탤러레이(Paul Talalay) 박사를 직접 찾아갔습니다. 그리고 2년간의 끈질긴 설득 끝에 1999년 일본 내 라이선스(생산판매권의 독점) 계약을 체결했습니다.

이렇게 해서 무라카미농원이 '브로콜리 스프라우트'와 '브로콜리

시중에 판매되고 있는 브로콜리 슈퍼 스프라우트. 고농도 설포라판이 포함되었음을 인증해주는 '브러시카 마크'가 붙어 있다.
자료: <https://www.murakamifarm.com/promotion/bs/>.

슈퍼 스프라우트'를 시장에 내놓을 수 있었던 것입니다. 이 제품에는 존스홉킨스대학이 설포라판 함유량의 인정 기준을 통과한 생산자에 게만 부여하는 '브러시카(BRASSICA) 마크'가 부착되어 있습니다.

그 후로도 무라카미농원은 일본에서 볼 수 없었던 기능성 채소 개발에 전사적 역량을 집중시키고 있습니다. 2017년부터는 네덜란드 기업과 제휴하여 '마이크로 허브(Micro Herb)'라는 새로운 브랜드의 채소를 판매하기 시작했습니다. 마이크로 허브는 발아한 지 얼마 되지 않은 새싹 허브를 말합니다. 단맛과 매콤한 맛, 짠맛 등 다양한 맛과 향을 선보이는 한편, 화려한 색상을 뽐내며 호텔과 레스토랑 등에서 고급 식자재로 널리 쓰이고 있습니다.

도산 위기에 처했을 때 시대를 한발 앞서가는 발상으로 새로운 사업기회를 포착했던 무라카미 사장은 말합니다.

"위기에 직면하면 '반드시 어떻게든 하겠다'라는 의지와 구체적 행동이 필요하고, 해야 할 것과 하지 말 것을 분명하게 구분해야 합니다."

무라카미농원을 지속가능한 기업으로 다시 일으켜 세운 바탕에 '냉철한 판단력'이 있었음을 말해줍니다.

―――――――――・(**Epilogue**)・―――――――――

전통+혁신=진화

앞서 소개한 기업 중에는 영업이익으로 이자도 못 내는, 이른바 한계기업으로 전락해 나락에 빠지기 직전 가까스로 회생에 성공한 기업도 적지 않습니다. 물론 이중성, 전문성, 확장성, 영속성 등 딥 경영의 4요소를 모두 갖춘 팔방미인은 적습니다. 하지만 저마다의 경쟁매력을 갖고 있고 기업 상황이 이에 부합하면 저력을 발휘해 업계 최고의 기업으로 탈바꿈했습니다. 전통에 혁신이 더해져 강한 면모가 살아나며 명실상부 업계를 대표하는 강소기업으로 재탄생했습니다.

세상의 이목은 플랫폼 기업이나 신산업 분야로의 쏠림현상이 있는 상황이지만 축적한 노하우를 바탕으로 시대의 흐름에 따라 변화하며 뚝심으로 묵묵하게 한길을 가며 지속가능한 성장을 지켜가고 있습니다. 더불어 오래된 기업은 전통을 고집하며 혁신에 소홀했을 것이라는 편견도 보란 듯이 깨트렸습니다. 이들의 기업경영에는 마법도 기적도 따로 없었습니다.

이들 강소기업은 숫자만큼이나 경영전략도 다양합니다. 기업은 태생적으로 경쟁을 피할 수 없고 따라서 차별화된 전략을 만들고 실행해야 생존의 가능성이 높아집니다. 기업의 전략과 전술은 다릅니다. 단적으로 말하면 전략은 목적이 필요하고 전술은 수단입니다. 가령 미국으로 이민을 가고 싶어하는 사람이 있다고 합시다. 이 목적을 달성하기 위해서는 전략이 필요합니다. 이 경우 전략 중 하나는 '일상에 불편함이 없을 정도의 영어 실력을 갖추는 것'이 될 수 있습니다. 이 목적을 달성하기 위해서는 영어회화 학원을 다닐 필요가 있습니다. 이것이 전술입니다. 이처럼 전략이 먼저이고 전술은 나중 일이 됩니다.

이 책에 소개한 기업 중에는 부가가치가 높은 새로운 상품을 제공하거나 경합이 없는 시장, 즉 블루오션을 찾아내는 전략으로 경쟁사와는 결이 다른 기업이 된 기업들이 적지 않습니다. 맛과 영양의 파괴를 최소화하는 획기적인 냉동기술로 신시장을 개척한 테크니칸, 기능성 채소로 업계의 새로운 신화를 써 내려가고 있는 무라카미농원, 대표적 사양산업으로 꼽히는 인쇄업에서 생존을 위해 모두가 피하는 선택을 한 닛세이PR, 유통경로가 복잡하고 비용구조가 불투명하기로 소문이 자자한 일본 주택자재 업계에서 과감한 도전으로 승승장구하고 있는 산와컴퍼니 등은 남다른 전략이 만들어낸 성공 사례입니다.

이처럼 경영전략은 변화에 맞춰 바꿔야 하는 것이지만, 경영이념은 쉽게 바꿀 수 있는 것이 아닙니다. 경영이념, 즉 경영하는 이유는 그때그때 상황에 따라 바꿀 수 있는 것이 아니기 때문입니다. 성공하는 전략을 이끌어낼 수 있었던 경영하는 이유, 즉 목적이 분명해서 성공한 기업도 여럿 있습니다. 지난 100년 동안 기술의 진화가 불가능하다고 여겨졌던 화학제조 분야에서 마이크로파를 활용해 진화를 이뤄낸 마이크로파화학, 혼합폐기물 재활용에서 획기적 진화를 이뤄낸 엠다이아, 소규모 공장의 장점과 경쟁력을 되살릴 목적으로 설립한 하마노제작소, 세계 최초로 빵통조림을 개발해 세상에 희망을 전하고 있는 빵 아키모토. 일본 한방의학의 쇠퇴와 태평양전쟁 등 숱한 고난에도 불구하고 130년 가까이 버텨낸 쓰무라제약 등의 이야기는 왜 경영을 하는지가 분명하고 이에 맞는 전략이 지속적으로 구축된다면 강소기업이 될 가능성이 높아진다는 걸 보여줍니다.

일본의 강소기업을 통해 전통도 진화하는 것을 확인했습니다. 다만 기업의 진화는 전통에 혁신이 더해져야 가능합니다. 따라서 '전통+혁신=진화'라는 공식이 성립된다고 볼 수 있습니다. 기업은 영속적이어야 한다는 일본의 오랜 기업문화가 '본능적 진화'를 가능하게 했는지도 모릅니다. 이런 배경에서 생명력이 길어지고 장수기업이 만들어집니다.

일본 경제의 마지막 보루

일본 경제가 불황의 늪에서 벗어나지 못하고 있습니다. 되살아날 듯 말 듯하며 아슬아슬한 저공비행을 계속하고 있고, 쩌렁쩌렁했던 일본 기업들의 호령 소리가 울려 퍼졌던 1980년대 위상과 명성을 되찾기는 쉽지 않아 보이는 것이 사실입니다. 경제성장에 확신을 줄 수 있는 바로미터로 여기는 임금은 30년째 제자리걸음을 하고 있고 경제성장률은 선진국 평균 수준에 크게 못 미치는 열등생이 된 지 오래입니다. 이런 일본 경제를 부활시킬 가능성을 높일 마지막 보루가 중소기업일지 모릅니다. 일본 경제를 구할 히든카드가 있다면 이제는 주저하지 말고 과감하게 내놓아야 할 때이고, 제조업의 중소기업들이 그 대안이 될지도 모릅니다.

전체 기업 중에 중소기업이 압도적 비중을 차지하는 것이 일본 산업구조의 특징입니다. 2016년 일본의 경제센서스활동조사에 따르면 개인 사업주를 포함한 중소기업은 기업 수로 전체의 99.7%, 종업원 수로는 68.8%를 차지합니다. 따라서 중소기업의 경영 상황 악화는 일본 경제에 곧바로 영향을 미칩니다. 중소기업은 일본 경제의 버팀목이자 디딤돌인 셈입니다. 그동안 중소기업 경영인들의 적극적이고 과감한 도전이 일본 경제의 신진대사를 촉진시킴으로써 성장을 매끄럽게 유지해왔다고 봐도 틀리지 않습니다. 경제성장 유지를 위해 산업구조 내에서 이루어지는, 묵은 것을 거둬내고 그 대신 새것을 접목시키는 역할을 중소기업이 도맡아 해왔습니다.

　제조업이 강한 일본을 떠받쳐온 것이 기술장인들이었다는 것은 세상이 다 아는 이야기입니다. 일본 장수기업은 물론이고 장인에 대한 연구는 더 이상 뉴스거리도 안 됩니다. 그들은 손에 묻은 기름 얼룩을 자랑스럽게 여기며 물건 만드는 것을 천직으로 삼습니다. 이런 장인들이 대를 이어 가업으로 경영하는 기업들이 없었다면 일본 경제가 거둔 성과는 엄두도 못 낼 일입니다.

　일본 중소기업의 제조기술이 쉽게 다른 나라에 추월당하지 않을 것으로 생각하는 이유는 품질과 성능에 대한 철저함에 있습니다. 작업 현장의 기술자 모두가 제품의 완성도를 높이겠다는 자발적 의지를 가지고 있습니다. 조잡한 물건을 만드는 것이 무엇보다 부끄러운 일이라고 생각합니다. 그렇기 때문에 물건을 만드는 고집스러움과 철저함으로 무장한 장인들의 손끝에 일본 제조업의 미래가 달려 있다는 것입니다. 제조기술에 대한 일본인 특유의 감성이 어디에서 나오는지는 대해서는 이 책을 통해 밝힌 딥경영의 각 요소를 통해 상당 부분을 설명할 수 있다고 생각합니다.

　한편, 새롭고 독창적인 것을 만들어냈을 때 적극적으로 구입해주는 소비자 시장이 일본에 존재했다는 사실은 분명 다른 나라에서는 찾아보기 드문 일입니다. 적어도 버블 붕괴 이후 장기 침체에 접어들기 전까지는 이러한 일본 내 소비자 시장이 새로운 기술의 부화 장치 역할을 한 것이 분명해 보입니다. 그런데 일본은 한때 제조업 중심의 경제구도에서 벗어나려는 시도를 한 적이 있습니다. 1980년 대 일본 제조업이 최대 호황기를 맞은 이후 1990년대에 이르는 시 기에 구미 선진국과 같은 금융과 정보기술 분야로의 전환을 급히 시 도했으나, 결과는 참담한 좌절이었습니다. 일본의 미래가 제조업에 있다는 것을 깨닫는 데는 그리 오랜 시간이 필요하지 않았습니다.

버블경제가 걷히면서 자신들의 경쟁력을 확보하기 위해 한층 더 갈고 닦아야 할 분야는 금융이나 정보기술이 아니라 제조업임을 실 감하게 됩니다. 그래서 혼신의 힘을 모아 최고의 제품을 만든다는 의미의 '모노즈쿠리'를 새로운 관점에서 다시 바라보며 적극적인 정 부지원 정책을 강구하기 시작했습니다. 2000년에 '모노즈쿠리 기반 기술 진흥기본법'을 공표하면서 정부 주요 부처가 공동으로 참여하 여 만들기 시작한 '모노즈쿠리 백서(제조기반 백서)'가 현재까지 이어 져왔습니다.

이른바 산업의 뿌리에 해당하는 분야에서 경쟁력을 키워야 한다 는 생각으로 그에 부합하는 기업을 발굴하기 시작했습니다. 일본 중소기업청은 2006년 이후 매년 '건강한 모노즈쿠리 중소기업 300 사'를 선정해 발표하고 있습니다. 이 중소기업들의 면면을 꼼꼼하 게 살펴보면 일본 제조업의 뿌리와 줄기가 되어 일본 경제를 지탱 하고 일본 정부로부터 그 가능성을 인정받은 기업이 대부분임을 알

수 있습니다. 그 가능성이란 지속가능한 성장 잠재력을 뜻하는 것
으로 보입니다.

지일(知日)의 시대

여러 제조 현장에서 한·일 역전이 진행 중입니다. 'K'의 위력은 더
이상 문화계에 국한된 이야기가 아닙니다. 전 세계 콘텐츠(Contents)
시장에서 기염을 토하고 있는 우리나라 위상을 감안하면 'Kontents'
라는 신조어가 나와도 될 것 같다는 생각이 듭니다.

일본 국내에서조차 일본의 미래를 걱정하며 한·일 역전과 관련한
뉴스가 등장하고 있습니다. 그 근거로 제시하는 것이 좀처럼 나아
질 기미가 보이지 않는 일본의 노동생산성입니다. 노동생산성을 측
정하는 다양한 방법이 존재하기 때문에 허투루 단정해서는 안 되지
만, 앞서 언급한 '임금 정체'도 생산성을 끌어올려야만 개선할 여지
가 생기는 것은 분명합니다.

일본의 이 같은 생산성 문제는 다른 선진국에 비해 상대적으로 눈
에 띄는 디지털화의 지연이 주된 이유라고 보는 것이 타당할 겁니
다. 민간 분야에서 가장 보수적인 집단으로 일컬어지는 은행만 하
더라도 각종 업무를 보기 위해 창구를 직접 방문해서 도장을 찍어
야 하기 때문에 수많은 서류와 고군분투하느라 직원들의 노동생산
성이 나아지지 못하고 있습니다. 디지털청을 신설하고 디지털 세상
으로의 전환을 서두르고 있지만 여의치가 않아 사실 관공서 창구는

이보다 더 심합니다. 잃어버린 경제의 역동성이 고령화 때문이라고 보면서 생산성 향상을 위한 본질적 개혁을 늦춘다면 회복 가능성은 점점 낮아질 공산이 큽니다.

이제는 극일(克日)에 이은 지일(知日)이 요구되는 시대입니다. 그런 의미에서 일본의 강소기업을 알아가는 것은 매우 중요합니다. 모방하기 위해서가 아닙니다. 예리한 통찰력을 발휘하여 다른 점을 찾아 각자의 상황에 맞게 필요한 것을 얻어내면 됩니다. 수백 년의 전통과 문화에서 비롯되는 일본 강소기업의 태생적 본성은 학습한다고 절로 얻어지는 것이 아니며, 그럴 필요도 없습니다. 우리가 잘하는 것을 계속하며 성장해왔듯이 앞으로도 그렇게 하면 됩니다.

끝으로, 얽혀버린 한·일 양국의 관계가 대립과 회피가 아니라 협력으로 나아갈 수 있다는 것을 규명하는 것이 수십 년간 일본을 연구해온 연구자의 소명이자 바람입니다. 매우 유사한 환경에 놓여 있는 한·일 중소기업은 다양한 형태의 협업을 통해 당면 과제를 해결해나갈 수 있고, 성공적인 협력 모델을 발굴하고 확산함으로써 그 성과를 극대화할 수 있을 것으로 생각합니다. 일본 강소기업의 본질에 접근하여 그들이 강해질 수 있었던 근본적 요인을 밝히는 데 미흡하나마 이 책이 기여했기를 바랍니다. 연구로 밝혀진 특징들에 비판적으로 접근하여 한·일 기업 간에 협력의 기회가 더 많이 만들어지기를 기대합니다.

大西謙 (2014). 《老舗企業にみる100年の知恵》. 晃洋書房.

童門冬二 (2012). 《近江商人のビジネス哲学》. 三方よし研究所.

末永國紀 (2011). 《近江商人三方よし経営に学ぶ》. ミネルヴァ書房.

森下仁丹株式会社 (2013). 《老舗企業に学ぶ企業改革成功の理由》. 幻冬舎.

商工総合研究所 (2016). 《中小企業耐えざる革新, 新事業展開と老舗企業の知恵》.

松岡憲司 (2019). 《京都からみた老舗世界の老舗》. 新評論.

新原浩朗 (2003). 《日本の優秀企業研究》. 日本経済新聞社.

野村進 (2018). 《千年, 働いてきました: 老舗企業大国ニッポン》. 新潮社.

長谷川澄雄 (2021). 《革新の連続が暖簾をつくる受け継がれる1代1企業の精神》. 学研プラス.

塚原伸治 (2014). 《老舗の伝統と〈近代〉: 家業経営のエスノグラフィ─》. 吉川弘文館.

鶴岡公幸 (2012). 《老舗時代を超えて愛される秘密》. 産業能率大学出版部.

横澤利昌 (2012). 《老舗企業の研究: 100年企業に学ぶ革新と創造の連続》. 生産性出版.

黒川光博/齋藤峰明 (2016). 《老舗の流儀虎屋とエルメス》. 新潮社.

01 옛날식 다방의 재발견 | 고메다커피

고메다커피 홈페이지. 〈http://www.komeda.co.jp/〉.

《日経ビジネス》. コメダ珈琲とは? 全国展開を達成したその秘訣について考察. 〈https://business.nikkei.com/atcl/gen/19/00081/090300246/〉.

DIAMOND Online. 「コメダ珈琲店」はなぜ客が長居しても儲かるのか. 〈https://diamond.jp/articles/-/129309〉.

PRESIDENT Online. コメダが「ブラック」に本気になった理由. 〈https://president.

jp/articles/-/25252〉.

東洋経済 Online. コメダ珈琲, スタバとはまるで違う愛され方. 〈https://toyokeizai.
　　net/articles/-/225019〉.

高井尚之 (2016). 《なぜ, コメダ珈琲店はいつも行列なのか? 「お客が長居す」のに儲か
　　るコメダのひみつ》. プレジデント社.

じゃらんニュース. 〈https://www.jalan.net/news/article/414644/〉.

個店主義に客が殺到! 全国制覇を実現させたコメダ珈琲店の新戦略: 読んで
　　分かる「カンブリア宮殿」. 〈https://www.tv-tokyo.co.jp/plus/business/
　　entry/2020/022961.html〉.

02 매뉴얼의 진화 | 그레이스 테크놀로지

그레이스 테크놀로지 홈페이지. 〈https://www.g-race.com/〉.

SAIRU. ニュアル作成の上場企業, グレイステクノロジーはなぜ高収益なのか. 〈https://
　　sairu.co.jp/doernote/〉.

投資家ネット. マニュアル制作のワールドリーディングカンパニー. 〈http://104ka.net/
　　jilist/company/122/〉.

《日本経済新聞》 (2016. 12. 21.). グレイステクノロジーの松村幸治社長「日本のマニュア
　　ル制作を何とかしたい」. 〈https://www.nikkei.com/article/DGXMZO10935
　　940R21C16A2000000/〉.

YouTube. 〈https://www.youtube.com/watch?v=mTqJiRmB6nQ〉.

《SankeiBiz》. グレイステクノロジー, 事業者向け製品マニュアル 大手受注に重点.
　　〈https://www.sankeibiz.jp/business/news/170228/bsl1702280500001-n1.
　　htm〉.

Business Insider. "AIマニュアル"で叶える働き方改革: 原点は日本の製造業への危機
　　感. 〈https://www.businessinsider.jp/post-177191〉.

《日経ビジネス》. 超高収益を生む 10の源泉. 〈https://business.nikkei.com/atcl/
　　NBD/15/special/091801078/〉.

《日経ビジネス》. マニュアル作成のプロ, 顧客絞り利益率アップ. 〈https://business.

nikkei.com/article/report/20150303/278209/051800011/〉.

03 약자의 승리 공식 | 이이오양조

이이오양조 홈페이지. 〈https://www.iio-jozo.co.jp/〉.

NIHONMONO. 120年, こだわりの酢「飯尾醸造」. 〈https://nihonmono.jp/area/8376/〉.

ONESTORY. 125年続く醸酢所の5代目が, 食の未来アカデミアに登壇!. 〈https://www.onestory-media.jp/post/?id=1674〉.

エシカルはおいしい. 人と環境, 街と地域をみつめたお酢造りを行う飯尾醸造. 〈https://www.ethicalfood.online/2020/07/201527.html〉.

秋川牧園. 日本一の酢を作りたい「飯尾醸造」. 〈https://www.akikawabokuen.com〉.

Kyoto Side. 飯尾醸造の米作りから始める究極のお酢をご存知ですか?. 〈https://www.kyotoside.jp/entry/20200228〉.

びんちょうたん. 京都・宮津 飯尾醸造のお酢. 〈https://www.binchoutan.com/iiojozo/index.html〉.

PRESIDENT Online. コカ・コーラでの仕事が酢に生かせた理由. 〈https://president.jp/articles/-/28771〉.

04 술 마시는 방법을 바꾸다 | 하쿠스이샤

하쿠스이샤 홈페이지. 〈http://www.hakusui-sha.co.jp/〉.

ITmediaビジネスOnline. あなたの知らない"ハイサワー"の世界. 〈https://www.itmedia.co.jp/makoto/articles/1002/13/news002.html〉.

NIKKEI STYLE 出世ナビ. 「かえって迷惑だわ」ハイサワー跡取り娘の大失敗. 〈https://style.nikkei.com/article/DGXMZO14192580X10C17A3000000/〉.

号外NET. 創業93年, 地元目黒で頑張るメーカーをご紹介!. 〈https://meguro.goguynet.jp/2021/06/13/hakusuisya_meguro/〉.

戦略経営者. 斬新な商品を生み出す女性目線の企画力(2014年6月号). 〈https://

www.tkc.jp/cc/senkei/201406_interview/〉.

PRESIDENT Online. 社員20人"元祖ハイサワー"レモン汁の秘密. 〈https://president.
　jp/articles/-/22681〉.

@DIMEアットダイム. ハイサワーの倉庫で昼からしこたま呑む!. 〈https://dime.jp/
　genre/606023/〉.

事業構想. 「わ・る・な・らハイサワー」躍進続ける理由. 〈https://www.projectdesign.
　jp/201403/simada-manage/001203.php〉.

日経BP 総合研究所. 父の作った"我輩のサワー"が「○○ハイ」「○○サワー」を広めた.
　〈https://project.nikkeibp.co.jp/bpi/atcl/column/19/169391/〉.

Livedoor. 社員20人"元祖ハイサワー"レモン汁の秘密. 〈https://news.livedoor.com/
　article/detail/13428811/〉.

05 100년 만의 진화 | 마이크로파화학

마이크로파화학 홈페이지. 〈https://mwcc.jp/〉.

事業構想. 市場規模は500兆円「マイクロ波化学」という新産業を創る(2018年7月号).
　〈https://www.projectdesign.jp/201807/osaka-innovation/005094.php〉.

PRESIDENT Online. 元商社マンが成功「100年に1度」の新技術. 〈https://
　president.jp/articles/-/21990〉.

Amateras Startup Review. マイクロ波化学で新しい産業を創造する. 〈https://
　amater.as/article/interview/microwave-chemical/〉.

NEDO. マイクロ波を用いた製造プロセスによる大量生産を世界で初めて実用化.
　〈https://www.nedo.go.jp/hyoukabu/articles/201704microwave/index.
　html〉.

《化学工業日報》(2021. 7. 2.). "マイクロ波化学, マイクロ波プロセスの化学品生産への応
　用拡大, 50年に世界で導入率10%へ".

転機. 「化学産業不変の100年」を変える, 元商社マンの挑戦. 〈https://ten-ki.jp/
　presidents/detail/10062639〉.

環境省 環境ビジネスの先進事例集. 省エネと新素材開発を実現, 独自技術で業界

の常識に挑む. 〈https://www.env.go.jp/policy/keizai_portal/B_industry/ frontrunner/companies/article014.html〉.

《日本経済新聞》(2021. 9. 2.). 脱炭素のカギは「レンチン」? マイクロ波に熱視線. 〈https://www.nikkei.com/article/DGXZQOUC315MZ0R30C2 1A8000000/〉.

Forbes JAPAN BrandVoice Studio. 「世界が知らない世界をつくれ」アメックスがマイクロ波化学の挑戦に見た世界の未来とは. 〈https://forbesjapan.com/articles/ detail/28787〉.

06 가면 안 된다는 길을 갔다 | 닛세이PR

닛세이PR 홈페이지. 〈https://www.nspr.co.jp/〉.

《印刷新聞》(2019. 6. 6.). 都内初, 水なしLED-UVを運用. 〈https://www.waterless. jp/wp/wp-content/uploads/2019/06/2440762cbfa5ab4baef294ca478240 8a.pdf〉.

ONLYSTORY. 環境配慮型・高精細印刷技術が高品質と付加価値を保証. 〈https:// onlystory.co.jp/stories/1823〉.

PRESIDENT Online. 不況業種で生き残る! ひと味違う「水なし印刷」「超高精細印刷」. 〈https://president.jp/articles/-/16890〉.

まちみらい千代田. 株式会社日精ピーアール. 〈https://www.mm-chiyoda.or.jp/ column/legwork/1338.html〉.

07 일본 카레 1호의 생존 전략 | 하치식품

하치식품 홈페이지. 〈https://www.hachi-shokuhin.co.jp/〉.

東洋経済 Online. 創業174年, ハチ食品がカレーにこだわる理由. 〈https:// toyokeizai.net/articles/-/272693〉.

朝日新聞 Digital (2021. 5. 16.). 野口さん, 宇宙で食べた?大阪のカレー, 国内通販を開始. 〈https://www.asahi.com/articles/ASP5J56NHP5JPTIL008.html〉.

GermerRoad. 1905年, 日本初の国産カレー粉「蜂カレー」を製造. 〈https://germer.

　　jp/punit_dtl.php?keyid=475&pkind=180〉.

Wikipedia. ハチ食品株式会社. 〈https://ja.wikipedia.org/wiki/%E3%83%8F%E
　　3%83%81%E9%A3%9F%E5%93%81〉.

@Press. 日本初の国産カレー粉を開発した 大和屋二代目 今村 弥兵衛伝承「蜂カ
　　レー」シリーズ発売. 〈https://www.atpress.ne.jp/news/96154〉.

Hitogoto. 日本初の国産カレー粉メーカーの誇りを胸に, ミドルアップ型組織で新たな
　　歴史を刻む. 〈https://hitogoto.jp/human/%E3%83%8F%E3%83%81%E9%
　　A3%9F%E5%93%81%E6%A0%AA%E5%BC%8F%E4%BC%9A%E7%A4
　　%BE/〉.

オオサカジン. カレー粉国産化第1号の誇りをもつて これからもカレーと共に歩み続け
　　ます. 〈https://shacho.osakazine.net/e723738.html〉.

《日本食糧新聞》 (2020. 9. 1.). トップインタビュー：ハチ食品・高橋慎一社長. 〈https://
　　news.nissyoku.co.jp/kojocho/goushi20200622050108670〉.

08 세계 제일이 아니면 안 한다 | 마니

마니 홈페이지. 〈http://www.mani.co.jp/〉

《日本経済新聞》 (2020. 10. 12.). マニー, コロナ禍が16億円減収要因に 21年8月期予想.

Harvard Business Review (2015. 3. 10.). リーダー企業と戦わず, 「ニッチ」を狙え.
　　〈https://www.dhbr.net/articles/-/3147〉.

Diamond Online. 日本が誇る医療機器のオンリーワン企業！マニーの松谷会長に学
　　ぶ「失敗を生かす力」. 〈https://diamond.jp/articles/-/1378〉.

TV Tokyo (2020. 1. 25.). 世界一しか目指さない！奇跡の成長を遂げた栃木の田舎企
　　業. 〈https://www.tv-tokyo.co.jp/cambria/backnumber/2010/0125/〉.

09 퇴직 직원을 다시 모셔라! | 타카라토미

타카라토미 홈페이지. 〈https://www.takaratomy.co.jp/〉.

《日経ビジネス》 (2018. 10. 5.).「暗黙知」伝えV字回復. 〈https://business.nikkeibp.
　　co.jp/atcl/NBD/15/022600032/100100011/?ST=pc〉.

LEADERS VISION. グローバル化を加速するタカラトミー. 〈http://ps.nikkei.co.jp/
   leaders/interview/takaratomy160725/index.html〉.

東洋経済 Online. タカラトミー, 希望退職の裏側. 〈https://toyokeizai.net/
   articles/-/13150〉.

東洋経済 Online. 復活タカラトミー,「立役者」不在で募る不安. 〈https://toyokeizai.
   net/articles/-/198435〉.

Wikipedia. 株式会社タカラトミー. 〈https://ja.wikipedia.org/wiki/%E3%82%BF
   %E3%82%AB%E3%83%A9%E3%83%88%E3%83%9F%E3%83%BC〉.

DIAMOND Online. 他社とも協業してヒットを生む 短期での利益成長は追わない.
   〈https://diamond.jp/articles/-/80193〉.

10 좁고 깊게 판다 | 나가이레벤

나가이레벤 홈페이지. 〈https://www.nagaileben.co.jp/〉.

日経ビジネス. 超高収益を生む 10の源泉. 〈https://business.nikkeibp.co.jp/atcl/
   NBD/15/special/091801078/?ST=pc〉.

東洋経済 Online.「ナース服」のナガイレーベン, 高収益の秘訣. 〈https://toyokeizai.
   net/articles/-/195939〉.

東洋経済 Online. 新・企業力ランキング トップ2000社 —多様な財務指標からわか
   った会社の"実力". 〈https://toyokeizai.net/articles/-/8226〉.

日本経済新聞 (2015. 6. 17.). ナガイレーベン,「白衣でない白衣」が支える全額還元.
   〈https://www.nikkei.com/article/DGXMZO88129100W5A610C1000000/〉.

11 없다고? 만들자! | 시마세이키제작소

시마세이키제작소 홈페이지. 〈https://www.shimaseiki.co.jp/〉.

東洋経済 Online.「世界初」を生み出し続ける島精機製作所. 〈https://toyokeizai.
   net/articles/-/13659〉.

Bloomberg. エルメスも採用「和歌山のエジソン」開発の編み機世界へ—島精機. 〈https://
   www.bloomberg.co.jp/news/articles/2017-10-01/OWXDPC6JIJUZ01〉.

《日経ビジネス》. 超高収益を生む 10の源泉. 〈https://business.nikkeibp.co.jp/atcl/NBD/15/special/091801078/?ST=pc〉.

企業家倶楽部. 世界初に挑み続け世界のファッション界を革新したい. 〈https://kigyoka.com〉.

Recruit. 「日本のエジソン」島精機製作所代表取締役会長・島正博氏が語る, ものづくりへの情熱. 〈https://www.recruit.co.jp/talks/meet_recruit/2017/08/it16.html〉.

日本機械学会誌 (2017. 12.). 和歌山の編み機が世界のファッションを変える. 〈https://www.jsme.or.jp/kaisi/1189-32/〉.

GEMBA. ユニクロも惚れ込んだ独自技術 ホールガーメントで世界に挑む「島精機製作所」. 〈https://gemba-pi.jp/post-182793〉.

転機. 世界が認めた"革新的編み機"の全貌と二代目社長の新たな挑戦 〈https://ten-ki.jp/presidents/detail/10062868〉.

12 두 번의 실패는 없다 | 시바기켄

시바기켄 홈페이지. 〈https://www.shibagiken.com/〉.

RESIDENT Online. 世界一の天体望遠鏡を手がける横須賀の星. 〈https://president.jp/articles/-/24417〉.

Core Concept. 加工業界で高めた技術をオープン化し, 未来のイノベーションを支える存在へ. 〈https://www.cct-inc.co.jp/case-study/manufacturing-industry/system-develoment-01/〉.

浜銀総合研究所 (2005. 4.). 《Best Partner》. 挑戦する独創企業 倒産寸前の危機を乗り越えガラスなどの超精密加工技術を確立: 株式会社芝技研福島洋一社長.

《日刊工業新聞》 (2009. 6. 12.). 芝技研, ガラス素材に穴径の250倍の深穴あける加工法.

りそな中小企業振興財団. 大型ガラス基板片面研磨装置. 〈https://www.resona-fdn.or.jp/data_files/view/851/mode:inline〉.

13 모두가 스페셜리스트 | 헤이세이건설

헤이세이건설 홈페이지. 〈https://www.heiseikensetu.co.jp/〉

戦略経営者 (2015. 7.). 一流の大工を自前で育成し日本一の建設会社へ. 〈https://
　　www.tkc.jp/cc/senkei/201507_interview/〉.

《日経ビジネス》. 異色の高学歴大工集団「面白い仕事ができるから, 人が集まる」.
　　〈https://business.nikkei.com/atcl/seminar/19nv/120500136/122400319/〉.

転機. 建築業界の概念を覆したビジネスモデルに込められた信念. 〈https://ten-ki.jp/
　　presidents/detail/10062855〉.

RESIDENT Online. なぜ東大生が大工になりたがるのか. 〈https://president.jp/
　　articles/-/20164〉.

NECネクサソリュ__ションズ. ビジネスモデルも人材育成も, 難しいからこそチャレンジせ
　　よ. 〈https://www.nec-nexs.com/bizsupli/column/akimoto/〉.

経営者TIMES東海. 一流大工を養成し内製化, 米国進出も狙う高学歴大工集団.
　　〈https://interview.interpresident.jp/tokai/heiseikensetu/〉.

14 물 위에 뜨는 전기차 | 펌

펌 홈페이지. 〈https://www.fomm.co.jp/〉

M&A Online. 東南アジアで電気自動車を売る日本企業FOMMってどんな会社?.
　　〈https://maonline.jp/articles/what_kind_of_company_fomm190501〉

HERO X. 高齢化や深刻化する水害に悩む日本でも導入したい超小型モビリティ
　　『FOMM ONE』, 法整備の遅れがネックに[Mobility Watchers]. 〈http://hero-x.
　　jp/movie/9339/〉.

ArayZ. 小型EV車「FOMM One」が間もなく走り出す. 〈https://arayz.com/
　　columns/asean_business_person_2018_05/〉.

Response. 水に浮いて移動できるEV, FOMMを2020年春に日本導入‥東京モーター
　　ショ—2019. 〈https://response.jp〉.

Mynavi. 超小型EV「FOMM ONE」は普及する? シェアで広がる可能性. 〈https://
　　news.mynavi.jp/article/20210402-fomm-one/〉.

EVsmartブログ. 水に浮く！ 軽EV『FOMM ONE』はいつから日本で買えるのか？. 〈https://blog.evsmart.net/ev-news/fomm-one-kei-car-available-in-japan/〉.

RESIDENT Online. 元トヨタマンが超小型4人乗りEVを開発. 〈https://president.jp/articles/-/21813〉.

AMP. "水に浮く"車で命を守れ. 逆風を乗り越えビジネスを確立したある男の挑戦. 〈https://ampmedia.jp/2020/05/21/fomm/〉.

15 정상의 자리를 지키는 방법 | 아타고

아타고 홈페이지. 〈https://www.atago.net/〉.

《日経ビジネス》(2020. 10. 9.). 屈折計でシェア8割, 危機感が生んだ積極性で躍進. 〈https://business.nikkei.com/atcl/NBD/19/00111/00084/〉.

PRESIDENT Online (2015. 5. 20.). 信頼築き154カ国へ！ 屈折計メーカーが「世界ブランド」になった日. 〈https://president.jp/articles/-/15330〉.

《東京の長寿企業70社》(2020. 3. 27.). 日刊工業新聞社.

「東京のキラリ企業200社」(2016. 7. 28.). 〈https://www.tokyo-kosha.or.jp/topics/tokyo_kirari/index.html〉.

「DIME」(2022. 11.). "グローバルニッチトップ"カンパニーに聞く！世界市場で勝ち抜く戦略とアイデア」.

経済産業省. 2020年版グローバルニッチトップ企業100選. 〈https://www.meti.go.jp/policy/mono_info_service/mono/gnt100/index.html〉.

16 홍차의 힘 | 와이즈 티 네트워크

와이즈 티 네트워크 홈페이지. 〈http://www.y-tea.com/〉.

PRESIDENT Online. 餃子の宇都宮が"紅茶の街"に変貌したワケ. 〈https://president.jp/articles/-/27375〉.

《日本経済新聞》(2020. 12. 3.). 入浴剤やパンから紅茶の香り ワイズティーが共同開発. 〈https://www.nikkei.com/article/DGXMZO66948960T01C20A

2L60000/〉.

下野新聞 (2020. 10. 28.). 「紅茶の日」記念しコラボ商品 地域活性化へ パンや入浴剤 宇都宮のワイズティー. 〈https://www.shimotsuke.co.jp/articles/-/377392〉.

経済産業省おもてなし経営企業. 「紅茶でココロとカラダを豊かに」宇都宮から元気を広めたい. 〈https://www.meti.go.jp/policy/servicepolicy/omotenashi-keiei/kigyousen/pdf/25-04.pdf〉.

《産経新聞》(2017. 10. 4.). 宇都宮のワイズティーにキッズデザイン奨励賞 小学校紅茶部指導を評価. 〈https://www.sankei.com/article/20171004-6KM5P6SDVNO47CXZDM2FZ2V4NQ/〉.

《日刊工業新聞》(2017. 7. 31.). 日本の未来企業: 次の100年を創る(93) ワイズティーネットワーク社長・根本泰昌氏. 〈https://www.nikkan.co.jp/articles/view/00437467〉.

17 캔 속으로 들어간 빵 | 빵 아키모토

빵 아키모토 홈페이지. 〈http://www.panakimoto.com/〉.

《東京新聞》(2017. 12. 2.). 「世界を救うパンの缶詰」. 〈http://www.panakimoto.com/wp/wp-content/uploads/2017/12/20171202_tokyoshinbun.pdf〉.

かんぽ生命. 「かんぽスコープ」Vol. 95. 〈http://www.panakimoto.com/wp/wp-content/uploads/2017/12/20171201_kampo_scope.pdf〉.

PRESIDENT Online. 被災地で大活躍「パンの缶詰」を作った男. 〈https://president.jp/articles/-/23965〉.

《朝日新聞》(2018. 9. 26.). 救缶鳥の日のイベント. 〈http://www.panakimoto.com/wp/wp-content/uploads/2018/09/20180926_asahishinbun.pdf〉.

東電生活協同組合. 《せいきょうニュース》(5月号). 〈http://www.panakimoto.com/wp/wp-content/uploads/2020/05/20200428_seikyonews.pdf〉.

《週刊ダイヤモンド》(2019. 7. 29.). パンの缶詰. 〈http://www.panakimoto.com/wp/wp-content/uploads/2019/07/20190729_diamond.pdf〉.

《読売新聞》(2018. 12. 6.). パンの缶詰に多言語版. 〈http://www.panakimoto.

com/wp/wp-content/uploads/2018/12/20181206_yomiurishinbun.pdf〉.

《道経塾》(2018. 5. 1.). 世界中に優しさ届ける町のパン屋. 〈http://www.panakimoto.
　　com/wp/wp-content/uploads/2019/09/20180416_doukeizyuku.pdf〉.

18 미래형 중소기업 | 하마노제작소

하마노제작소 홈페이지. 〈https://hamano-products.co.jp/〉.

PRESIDENT Online. 浜野製作所「江戸っ子1号からベンチャー支援へ」どん底からの
　　復活. 〈https://president.jp/articles/-/17786〉.

J-Net21. 町工場の連携でモノづくりの新価値創造を「株式会社浜野製作所」.
　　〈https://j-net21.smrj.go.jp/special/social/20200923.html〉.

《衆知》(2020. 10. 27.). 町工場の力を結集し, 日本にものづくりを変革する. 〈https://
　　www.php.co.jp/magazine/shuchi/〉.

《日刊工業新聞》(2020. 9. 2.). 都, スタートアップ支援拡充. 19年ぶり戦略改定, 知財活
　　用後押し.

《日経ビジネス》(2020. 8. 6.). ものづくり支援や高級食材ロス削減, コロナ禍をチャン
　　スに変える. 〈https://business.nikkei.com/atcl/seminar/19nv/120500136/
　　073000207/〉.

《日経ビジネス》(2020. 2. 27.). ハードウエアスタートアップの駆け込み寺, 墨田区の浜野
　　製作所. 〈https://business.nikkei.com/atcl/seminar/19/00058/022500040/〉.

日経BizGate (2019. 11. 8.). スタートアップが世界へ羽ばたけるよう「ものづくり」で応
　　援する. 〈https://bizgate.nikkei.co.jp/article/DGXMZO51414380251020190
　　00000?channel=DF220320183599〉.

《日経産業新聞》(2019. 11. 8.). スタートアップと町工場, 連携で「死の谷」超えろ.
　　〈https://www.nikkei.com/article/DGXMZO51897350X01C19A1X11000/〉.

東東京マガジン (2017. 3. 29.). 人が集い, 新たなアイデアが生まれる場に　町工場
　　に隣接するものづくり工房「ガレージスミダ」の挑戦. 〈https://higashi-tokyo.
　　com/2017/03/29/esgs_interview12/〉.

19 없어지면 안 되는 기술 | 엠다이아

엠다이아 홈페이지. 〈https://www.m-dia.jp/〉.

企業ナビとやま. 株式会社エムダイヤ. 〈https://kigyonavi-toyama.jp/search/detail/?corp_id=10400〉.

《中日新聞》 (2021. 9. 28.). 産廃から資源 光る技. 〈https://www.chunichi.co.jp/article/337857〉.

PRESIDENT Online. 社員8人のリサイクル革命！ 異素材混合廃棄物を処理する魔法の装置. 〈https://president.jp/articles/-/20748〉.

TONIO news. 廃棄物の山を宝の山にする技術を開発. 〈https://www.tonio.or.jp/joho/tonionews/renaissance/bn31.html〉.

《日本経済新聞》 (2021. 1. 25.). エムダイヤ, デジタル機器基板の自動分解機 資源再利用. 〈https://www.nikkei.com/article/DGXZQOJB15AJP0V10C21A1000000/〉.

The Independents. 『もったいない！』をカタチに. 〈http://www.independents.jp/article/item001424?back=/〉.

20 수첩회사가 살아남은 방법 | 레이메이 후지이

레이메이 후지이 홈페이지. 〈https://www.raymay.co.jp/〉.

事業構想. 文具商社・メーカーがドローン事業に進出 老舗の7代目の挑戦. 〈https://www.projectdesign.jp/202010/concept-of-company/008397.php〉.

東洋経済 Online. スマホ普及で大ピンチ, 手帳老舗の生きる道. 〈https://toyokeizai.net/articles/-/212607〉.

熊日プレジデント倶楽部2021. 株式会社レイメイ藤井. 〈https://kumanichi-presidentclub.com/top-interview/raymay.html〉

くまもと経済. 創業130年を機に熊本本店を建て替え····レイメイ藤井. 〈http://www.kumamoto-keizai.co.jp/content/asp/week/week.asp?PageID=3&Kkiji=21357&Knum=5&tpg=1〉.

RKB Online. 志, 情熱企業. 〈https://rkb.jp/article/8819/〉.

21 냉동기술의 신기원 | 테크니칸

테크니칸 홈페이지. 〈https://www.technican.co.jp/〉.

食品新聞 (2021. 2. 17). 横浜に冷凍食品専門店「凍眠市場」約70品を販売 テクニカン.
　　〈https://shokuhin.net/40525/2021/02/17/kakou/reishoku/〉.

流通ニュース (2019. 8. 23.). 伊藤忠食品／液体急速凍結技術「テクニカン」と業務提携
　　「凍眠市場」販売. 〈https://www.ryutsuu.biz/it/1082345.html〉.

YouTube. 〈https://www.youtube.com/watch?v=KEu7p_TrtRE〉.

Zakzak. おいしさキープ「凍眠ミニ」がヒット 世界16ヵ国で特許を保有する「テクニカン」.
　　〈https://www.zakzak.co.jp/eco/news/210918/ecn2109180005-n1.html〉.

DIAMOND Chain Store Online. 国連も注目する独自の液体凍結技術 冷食専門店
　　TŌMIN FROZENとは. 〈https://diamond-rm.net/store/77703/〉.

PRESIDENT Online. 肉や魚のおいしさを凍結! 品質が劣化しない冷凍保存技術.
　　https://president.jp/articles/-/15348

《日本食糧新聞》 (2020. 1. 24.). テクニカン·山田社長に聞く 「凍眠」の最新動向.
　　〈https://news.nissyoku.co.jp/news/ebata20200106124752373〉.

《日刊水産経済新聞》 (2018. 9. 28.). テクニカンの凍結技術. 〈https://www.
　　nanbubijin.co.jp/wp/wp-content/uploads/2019/08/90801a00642814d03
　　bb42b5256e07250.pdf〉.

22 꼬리에 꼬리를 무는 미용실 | 오쿠시

오쿠시 홈페이지. 〈https://www.ohkushi.co.jp/〉.

《生産性新聞》 (2021. 8. 5.). 相次ぐ危機の中でも成長実現「競争より共助」が生産性高
　　める. 〈https://www.ohkushi.co.jp/archives/3498/〉.

《衆知》 (2021. 9~10.). 互いに心を通わせ, 学び合える人材を育てる. 〈https://www.
　　ohkushi.co.jp/archives/3540/〉.

Management Square (2021. 4.). 〈https://www.ohkushi.co.jp/archives/3335/〉.

Japan Brand Collection 2020, 千葉版. 東京五輪特別号, 日本の一流店大図鑑.
　　〈https://www.ohkushi.co.jp/archives/2374/〉.

President Online. 驚異のリピート率80％超! また行きたくなるカットサロンの秘密. 〈https://president.jp/articles/-/14615〉.

Re-quest/QJ VOYAGER. 「コロナ禍だから」と言い訳はしない. 逆境が訪れるたび オオクシは強くなる. 〈https://www.qjnavi.jp/shinsotsu/voyager/2021- 20007478/〉.

ALevel (東京商工リサーチ). 顧客とスタッフの満足度向上を実現. 〈https://www. ohkushi.co.jp/archives/2340/〉.

日本経済新聞 (2017. 12. 6.). 後輩経営者に学びの場. 〈https://www.ohkushi. co.jp/archives/1367/〉.

23 기본기로 업계 1위 | 조지루시

조지루시 홈페이지. 〈https://www.zojirushi.co.jp/〉.

《日経ビジネス》 (2018. 7. 9.). 象印マホービン, 100年企業の割り切り方. 〈https:// business.nikkei.com/article/report/20150303/278209/070600023/〉.

《日経ビジネス》 (2017. 10. 13.). 見守りポットを生んだ, 象印の先進力. 〈https:// business.nikkei.com/atcl/report/16/100500169/100500004/〉.

Wikipedia. 象印マホービン. 〈https://ja.wikipedia.org/wiki/%E8%B1%A1%E5 %8D%B0%E3%83%9E%E3%83%9B%E3%83%BC%E3%83%93%E3%8 3%B3〉.

WIRD. 持続可能な未来へつなぐ, 象印マホービンの「毎日使えるものづくり」. 〈https:// wired.jp/2021/03/15/zojirushi-bottle-ws/〉.

OSAKAINFO. 昔も今も, 大阪が誇るものづくりの代表選手 象印マホービンの技術. 〈https://osaka-info.jp/special/zojirushi/〉.

ITmediaビジネス Online. プロダクトアウトの罠にハマった「象印」のリカバリー戦略. 〈https://www.itmedia.co.jp/business/articles/2108/16/news002.html〉.

24 변하지 않기 위해 변해야 한다 | 페리칸

페리칸 홈페이지. 〈https://www.bakerpelican.com/〉.

渡辺 陸, 森まゆみ, 平松洋子, 鈴木るみこ, 甲斐 みのり (2017). 『パンのペリカンのはなし』. 二見書房.

メシ通. 浅草で75年続く老舗「パンのペリカン」について知ってほしい10のこと〔食パンとロールパンだけのしあわせ〕. ⟨https://www.hotpepper.jp/mesitsu/entry/editorial/17-00315⟩.

ニッポン放送 NEWS ONLINE. 老舗ベーカリー「ペリカン」4代目主人がパンの専門学校で習った最も難しかったこと. ⟨http://www.1242.com/lf/articles/117106/?cat=entertainment.gourmet&pg=asanavi⟩.

PRESIDENT Online. "時代遅れ"の浅草の老舗パンに行列のワケ. ⟨https://president.jp/articles/-/28875⟩.

ヒトサラマガジン. 浅草の老舗パン屋の魅力は, 飽きのこない味とつくる人々の強い想いだった. ⟨https://magazine.hitosara.com/article/949/⟩.

食楽Web. 創業78年! 行列が絶えない『ペリカン』(浅草)の食パンが愛され続ける理由. ⟨https://www.syokuraku-web.com/bar-restaurant/46274/⟩.

Paris Mag. 浅草で74年, 地元に愛されるパン屋『ペリカン』. ⟨https://parismag.jp/bread/10305⟩.

たびこふれ. 日本一好きな浅草「パンのペリカン」の食パンを買う, 食べる. ⟨https://tabicoffret.com/article/74140/index.html⟩.

25 비결은 '지식의 탐색' | 미쓰보시 게이토

미쓰보시 게이토 홈페이지. ⟨http://mitsu-boshi.jp/⟩.

Life Designs. 世界最高峰の天然繊維で人生を豊かに. 日本が世界に誇るテキスタイルメーカー「三星毛糸」の製造現場へ行ってきました! ⟨https://life-designs.jp/webmagazine/mitsuboshi1887/⟩.

PRESIDENT Online. 私が"継がなくてもいい家業"を継いだ理由. ⟨https://president.jp/articles/-/26583⟩.

わいがや倶楽部. すこし心を開くだけで, 世界は変わるから. ⟨https://www.waigayaclub.com/article/kira2_shingo_iwata⟩.

Industry Co-creation. 岐阜羽島に133年！ 三星グループが織り上げる，世界が
　　認めた高級生地の製造現場を見学. ⟨https://industry-co-creation.com/
　　report/51373⟩.

NESTBOWL. "持続していくモノづくり"をこれからも. ⟨https://nestbowl.com/
　　journal/1861⟩.

パーソルキャリア. 「世界一おもしろい生地屋に」三星毛糸の"伝統と革新"に迫る.
　　⟨https://www.crede.co.jp/brand/feature/125_mitsuboshi.html⟩.

Forbes JAPAN. 羊毛は，究極のサステナ素材？「尾州ウール」産地がいまアツい理由.
　　⟨https://forbesjapan.com/articles/detail/41619/1/1/1⟩.

26 일본 한방의학의 선구자 | 쓰무라제약

쓰무라제약 홈페이지. ⟨https://www.tsumurakampo.jp/⟩.

東洋経済 Online. 「漢方のツムラ」多角化失敗からの超復活劇. ⟨https://toyokeizai.
　　net/articles/-/243888⟩.

東洋経済 Online. ツムラが本場・中国で「伝統医薬」に挑むワケ. ⟨https://toyokeizai.
　　net/articles/-/194682⟩.

事業構想. ツムラが挑む漢方のイノベーション 中国の伝統薬事業でNo.1へ. ⟨https://
　　www.projectdesign.jp/201905/fusion-innovator/006339.php⟩.

会社四季報 Online. ツムラ，中国子会社の新規連結の影響や一般用漢方などのヘル
　　スケア国内販売が好調で1Qは増収増益. ⟨https://shikiho.jp/news/8/375678⟩.

Wikipedia. ツムラ. ⟨https://ja.wikipedia.org/wiki/ツムラ⟩.

Mynavi. 「自然と健康を科学する」ツムラ. ⟨https://job.mynavi.jp/23/pc/search/
　　corp789/outline.html⟩.

《日本経済新聞》(2019. 11. 1.). 漢方薬のツムラ，中国合弁会社を解散 新規事業見送り.
　　⟨https://www.nikkei.com/article/DGXMZO51694500R01C19A1000000/⟩.

27 건축자재 업계의 이단아 | 산와컴퍼니

산와컴퍼니 홈페이지. ⟨https://info.sanwacompany.co.jp/⟩.

SAP. 建築業界の異端児, サンワカンパニーが挑む売上げ1兆円カンパニーを実現するための成長戦略とデジタル変革.〈https://www.sapjp.com/blog/archives/13695〉.

Amateras Startup Review. 輸入建築資材·自社開発商品のカタログ·ネット販売.〈https://amater.as/article/interview/sanwacompany/〉.

Mynavi. デザイン性の高い商品で空間をコーディネー.〈https://job.mynavi.jp/22/pc/search/corp210150/outline.html〉.

PRESIDENT Online. "建材界のユニクロ"作った2代目の野望.〈https://president.jp/articles/-/28887〉.

SI Web Shopping. 住宅設備, 建築資材のインターネット通信販売を通じて建築業界に変革を!.〈https://products.sint.co.jp/siws/case/sanwacompany〉.

28 위기를 벗어나는 결단력 | 무라카미농원

무라카미농원 홈페이지.〈https://www.murakamifarm.com/〉.

Waseda Neo. 倒産の危機から100億円企業へ. 村上農園の危機を脱する決断力とは?.〈https://wasedaneo.jp/2232/〉.

PRESIDENT Online. がん予防に役立つ機能性野菜「ブロッコリ＿スプラウト」の効能.〈https://president.jp/articles/-/18104〉.

Wikipedia. 村上農園.〈https://ja.wikipedia.org/wiki/%E6%9D%91%E4%B8%8A%E8%BE%B2%E5%9C%92〉.

Mynavi. (株)村上農園.〈https://job.mynavi.jp〉.

《日本経済新聞》(2021. 4. 6.). 広島の村上農園, AIで栽培管理 25年実用化目指す.〈https://www.nikkei.com/article/DGXZQOJB025I30S1A400C2000000/〉.

TV TOKYO. 豆苗をブレイクさせて年商100億円!廃業の危機からスプラウトで農業を変える.〈https://www.tv-tokyo.co.jp/cambria/backnumber/2019/0516/〉.

片山修 (2014). 年商50億を稼ぐ村上農園の「脳業」革命. 潮出版社.

事業構想. 逆境からのビジネスモデル再構築「スプラウト市場」創出の軌跡.〈https://www.projectdesign.jp/articles/4892a329-c369-491f-aa08-

82b1872d3723〉.

ひろしま企業図鑑. AIで栽培ノウハウ確立へ世界ライセンス販売図る. 〈https://zukan.

biz/food/murakamifarm-news7/〉.